내 아이가 바뀌는 기적의 한마디
엄마도 모르는
엄마 말의 힘

내 아이가 바뀌는 기적의 한마디

초판 1쇄 발행 | 2017년 4월 27일
초판 2쇄 발행 | 2017년 5월 04일

지은이 | 조무아
펴낸이 | 박영욱
펴낸곳 | 깊은나무

편 집 | 허현자·김상진
마케팅 | 최석진·황영주
디자인 | 서정희·민영선

주 소 | 서울시 마포구 월드컵로 14길 62
이메일 | bookrose@naver.com
페이스북 | facebook.com/bookocean21
블로그 | blog.naver.com/bookocean
전 화 | 편집문의: 02-325-9172 영업문의: 02-322-6709
팩 스 | 02-3143-3964

출판신고번호 | 제313-2007-000197호

ISBN 978-89-98822-36-1 (13370)

이 도서의 국립중앙도서관 출판예정도서목록(CIP)은 서지정보유통지원시스템
홈페이지(http://seoji.nl.go.kr)와 국가자료공동목록시스템
(http://www.nl.go.kr/kolisnet)에서 이용하실 수 있습니다.
(CIP제어번호: CIP2017007910)

*이 책은 깊은나무가 저작권자와의 계약에 따라 발행한 것이므로 내용의 일부 또는 전부를
이용하려면 반드시 깊은나무의 서면 동의를 받아야 합니다.
*책값은 뒤표지에 있습니다.
*잘못 만들어진 책은 구입하신 서점에서 교환해 드립니다.

내 아이가 바뀌는 기적의 한마디

엄마도 모르는 엄마 말의 힘

조무아 지음

서문

　매주 PET(효과적인 부모역할교육) 수업시간에 젊은 엄마들을 만난다. 서너 살배기 아이가 힘든 엄마, 초등학교 아이 때문에 속을 썩이는 엄마, 중고생 아이와 한창 갈등을 겪고 있는 엄마.
　일찍부터 버거운 존재가 된 아이들은 엄마에게 걱정과 시름만 끼치는 건 아니다. 오히려 엄마가 빨리 성장할 수 있는 기회를 주는 존재들이기도 하다. 결과적으로는 엄마가 성숙하게 되고, 자녀와 공감과 신뢰를 쌓을 수 있게 되니, 양육이 어려운 아이는 복을 가져다주는 아이이기도 하다.

　세상에 완전한 존재가 없듯이 완벽한 부모는 없다. 모든 부모는 종류와 정도가 다를 뿐 나름대로 문제를 안고 살아간다.

　나는 1989년, 딸과 아들이 고2, 중3일 때 PET를 만났다. 그 이후 28년 동안 쉬지 않고 많은 부모를 만나 그들이 성장하는 모습을 지켜보았다. 가르치는 입장이지만, 나는 어린 자녀를 위해 일찍부터 공부하는 엄마들을 부러운 눈빛으로 바라보게 된다.
　PET는 아이가 어릴수록 좋은 학습효과를 기대할 수 있고, 실제로 변화의 폭도 크다. 어린 시절에 습득한 마음의 안정과 균형감각은 성인이 되어서도 예기치 못한 변화에 유연하게 적응할 수 있는 능력을 갖출 수 있게 도와준다.

이 책은 월간 《가정과 건강》에 2012년부터 5년간 연재한 글을 다듬어 만들어졌다. 지금은 절판되었지만, 독자들에게 사랑을 받았던 《아이를 빛내주는 소중한 말 한마디》에서도 엄마들이 꼭 알아야 할 중요한 내용을 발췌하여 실었다.

각 챕터마다 엄마들이 아이들과 실제 생활에서 부딪치고 겪었던 생생한 내용을 바탕으로 구성했다. 엄마들의 솔직하고 진실한 감정과 내용을 담아냈다. 그러다 보니 대한민국 엄마가 공감할 수 있는 이야기와 육아방법이 많은데, 독자들이 아이와의 관계에서 적극적으로 활용해볼 수 있을 것으로 믿는다.

어떤 자녀도 부모를 선택할 수는 없다. 때문에 부모는 운명이다. 좋은 운명이 되기 위한 노력은 부모의 몫이다. 노력하는 만큼 좋은 부모로 성장하고 발전할 수 있다. 이 책이 자녀를 진정으로 사랑하는 방법을 찾으려고 노력하는 부모들에게 좋은 길잡이가 될 수 있기를 꿈꾼다.

28년 전 PET 프로그램을 국내에 도입한 김인자 한국심리상담연구소 소장님, 내 강의를 듣고 성공적인 육아법의 사례를 만들어준 수많은 수강생들에게 감사드린다.

2017년 새봄, 조무아

| 차례 |

Chapter 1
유아를 위한 엄마 말 한마디

- 12 민균이가 참을 수 있다니 엄마는 참 좋다
- 16 생각했던 것보다 가격이 비싸네
- 20 양말을 뒤집은 채 세탁하면 깨끗하게 할 수 없어
- 24 성준이가 더 잘하고 싶었구나
- 27 엄마는 그 이유가 정말 궁금해
- 31 준하를 초대하고 싶지 않구나
- 35 오랫동안 많이 아팠구나
- 39 저녁에는 꼭 만들어줄게
- 42 먹고 싶었구나
- 45 기다려주세요
- 48 싫어! 싫단다
- 51 엄마 혼자 나갔다오마

Chapter 2
초등 저학년을 위한 엄마 말 한마디

- 56 그래서 기분이 나빴구나
- 59 다음에 해도 엄마는 괜찮아
- 63 잘못한 것을 솔직히 말했으니 괜찮아
- 66 공부할 때는 놀지 않았구나
- 69 큰 소리로 얘기하니까, 엄마 머리가 아프다
- 73 그래서 화가 많이 났구나
- 77 그렇게 말하니까 엄마 마음도 편해졌어
- 80 엄마가 용기를 주었다니 기쁘네
- 83 와! 이거 새콤달콤 맛있네

86 친구들이 보는 앞에서 혼나서 속상했겠다
90 피아노 치는 게 힘들구나
93 아! 그래서 마음이 상했구나
97 잘 어울리는구나
100 오늘은 날씨가 엄청 추워
103 정직한 것은 무엇보다 중요해
106 네가 기쁘면 엄마도 기뻐
109 네 말을 끝까지 들어주마
113 신나게 놀았구나
116 같이 생각해보자
119 엄마도 쉬고 싶단다, 놀고 싶단다
122 너도 갖고 싶었구나
126 엄마는 언제나 네 편이란다
130 지빈이가 학교 가기 싫구나
133 끊임없이 집안일을 할 생각을 하니 힘드네
137 피아노 치는 걸 들으면 기분이 좋고 행복해져!

Chapter 3
초등 고학년을 위한 엄마 말 한마디

142 다 얘기해줘서 고마워
145 엄마가 꾸중할까 봐 걱정했구나
149 엄마는 매를 버리고 대화를 하고 싶단다
153 너희 스스로 해결하는 걸 지켜볼게
157 네가 진짜 속상한가 보구나

161 엄마에게 얘기해줘서 고마워
165 네가 만든 배가 내 마음에 꼭 든다
168 울고 싶은 만큼 울 때까지 기다려준다
172 한 개 틀려서 아까웠겠다
175 지금은 엄마가 쉬고 싶어
178 그래서 많이 속상했구나
182 열심히 했구나, 노력했구나
185 우리 세연이가 화가 많이 났구나

Chapter 4
자존감을 높여주는 엄마 말 한마디

190 그때 기분이 많이 상했구나
194 엄마랑 같이 자고 싶었구나
197 너희 싸움에 관여하고 싶지 않단다
201 오! 아! 그래. 그랬구나. 정말
204 누나가 참 좋은가 보구나
207 엄마는 기뻐, 흐뭇해, 뿌듯해, 행복해
210 약속을 지키는 것은 중요하단다
213 울고 싶으면 울어도 돼
216 더 잘하고 싶었구나
219 신중하구나, 겸손하구나
222 기발하구나, 창의적이구나, 참 좋은 생각이구나
225 너희가 싸우면 엄마는 속상해
228 이렇게 해야 돼. 애썼구나

231 너는 가장 소중한 사람이야
234 하고 싶은 말이 많지?
237 미안하다
240 고맙다
243 곤란해, 난처해, 안 돼
246 궁금하단다, 듣고 싶단다
249 '틀린 것'과 '다른 것'은 다르단다
252 네가 하고 싶은 게 중요해
255 할 말이 많은가 보구나
258 강아지가 낑낑대는 모습이 안쓰러웠어요
261 꽃사과가 너무 예쁘죠!

Chapter 1
유아를 위한 엄마 말 한마디

# 민균이가 참을 수 있다니 엄마는 참 좋다

부모역할교육의 효과는 훈련학습으로

37개월이 된 외동아들 민균이는 평소 요구사항이 많고 주장이 강해서 엄마를 힘들게 했다. 한번 짜증을 내고 떼를 쓰면 30분 정도는 예사고 잠들기 전까지 떼쓰기와 짜증과 울음을 계속하기도 했다. 엄마는 아이의 떼를 받아주고 이해하려 하다가도 참기 힘들면 화를 내고 소리를 지르기도 했다.

엄마는 민균이의 짜증을 받아주기 힘들어 놀이치료를 3개월간 받았는데 치료가 끝나고 나니 아이는 다시 원래 모습으로 돌아갔다. 그래서 엄마는 아이와의 문제를 해결하기 위해서 부모역할교육(PET, Parent Effectiveness Training)에 참여했다.

교육을 받는 동안 엄마가 가장 먼저 깨달은 것은 아이를 너무 큰애로 대하고 있다는 것이었다. 민균이 엄마는 아이에 대한 기대가 높아서 아이 입장에서 수용하기보다 엄마 기준으로 판단하고 통제해왔던 것이다.

엄마는 아이에 대한 수용을 많이 하기 위해 노력했다. 아이의 안전에 위험이 따르거나 다른 사람에게 피해를 주는 일이 아니면 아이의 요구사항이나 감정을 수용하기로 했고 아이의 마음을 읽어주려는 노력을 계속해갔다. 아이가 장난감을 갖고 놀다 마음대로 되지 않아 소리를 지르면 "똑바로 세워지지 않아 속상하구나"라고 했다. 예전에는 "다시 하면 되지 그렇게 짜증 내면 어떻게 해"라고 했다. 밥을 하지 말라고 하면 "엄마가 밥하는 게 싫구나"라고 하고, 가스레인지에 불을 켜지 말라고 하면 "엄마가 불 안 켰으면 좋겠어?"라고, 먹기 싫은 반찬이라고 하면 "이 반찬이 맘에 안 드는구나"라고 하고, 입어야 할 옷이 맘에 안 든다고 하면 "이 옷을 입기 싫구나"라고 하면서 수없는 트집과 짜증에도 아이의 마음을 수용하고 읽어주면서 대화를 계속했다. 그리고 아이의 요구사항을 적절히 들어주었다.

그렇게 노력하면서 2개월 정도가 지난 어느 날 밤이었다. 그날도 기분이 좋지 않은 아이를 달래고 겨우 씻기고 책을 다 읽어준 다음 자려고 불을 끄고 누웠다. 그런데 아이가 말했다.

"엄마, 귤을 안 먹었어."

"귤이 먹고 싶었어?"

"네, 귤이 먹고 싶어요."

"아! 우리 민균이가 귤이 먹고 싶구나. 그런데 어쩌지, 치카치카 다 하고 자려고 불까지 껐는데?"

아이는 갑자기 흐느끼며 닭똥같은 눈물을 흘리면서 "그런데 엄마, 귤을 못 먹어서 속상해요" 하면서 엄마에게 안겼다.

"민균이가 귤을 못 먹어서 많이 속상하구나. 그래서 눈물까지 흘리고……."

"네, 너무 속상해요."

"그랬구나. 민균이가 너무 속상해서 어떡하지?"

"엄마, 꾹 참고 내일 아침에 먹을게요."

아이는 울면서 순순히 내일 먹자고 하는 게 아닌가. 부모역할교육에 참가하기 전이었다면 분명히 소리 지르고 발길질하며 울었을 것이고 엄마는 또 화를 내며 아이를 재웠을 것이다. 하지만 그날은 달랐다.

"민균이가 참을 수 있다니까 엄마는 참 좋다. 우리 민균이가 아주아주 멋지네."

아이는 엄마 품에 안겨 바로 잠이 들었다.

성인교육은 훈련학습이 아니면 효과가 없다는 말이 있다. 살아오면서 이미 많은 경험과 지식을 쌓았고 삶의 방식이나 습관이 굳어졌기 때문에 새로운 정보나 지식을 접해도 쉽게 변하지 않는다. 그러니 성인교육은 반복학습을 하는 훈련이라야 효과적이다. 자신이 변하기 위해서는 행동을 바꾸고 바꾼 행동이 습관으로 굳어져야 하는데 그러려면 지속적인 훈련을 할 수밖에 없는 것이다.

머리로 받아들인 정보와 지식을 가슴으로 깨달아 느끼고 내 것으로 받아들이는 데는 많은 노력과 시간이 필요하다. 그래서 머리와 가슴의 거리가 세상에서 가장 멀다고들 한다. 가슴으로 느끼고 깨달은 지혜도 살아가면서 실천하기는 더욱 어렵다. 그러니 머리에서 가슴까지보다 가슴에서 손발까지는 더욱 멀다고들 한다. 많이 알아도 내 것으로 깨닫고 삶에서 실천하지 않으면 무슨 소용이 있을까?

위의 이야기는 민균이 엄마가 2개월간의 훈련학습으로 이뤄낸 아름다운 실천사례다.

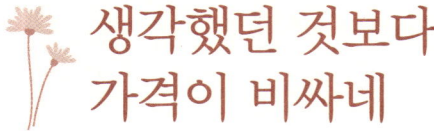
생각했던 것보다
가격이 비싸네

자녀에게 신뢰받는 부모가 자녀를 교육할 수 있다

5살 정운이는 여느 아이들처럼 에너지가 넘치며, 로봇 장난감을 무척 좋아한다. 그래서 마트에 한번 가려면 큰마음을 먹고 가야 한다. 왜냐하면 장난감 코너에서 아이가 나오고 싶어 하지 않을 뿐 아니라, 엄마가 식료품 한 가지를 고를 때마다 장난감을 사달라고 졸라대기 때문이다. 그럴 때마다 정운이 엄마는 울며 짜증 내는 아이를 이해시킬 생각조차도 하지 않고 급하게 집으로 돌아오기 바빴다.

어느 날 세 식구는 모임에 초대받아 가게 되었는데, 잘 참고 기다려 주는 아이가 고맙고 예뻐서 집으로 돌아갈 때 좋아하는 로봇 장난감을 사주겠노라고 약속을 했다.

모임이 꽤 늦게 끝났지만 아이와의 약속을 지키기 위해 로봇을 사러 마트에 갔다. 그런데 문제가 생겼다. 사주겠다고 약속했던 로봇 가격이 8만 원이나 하는 것이다.

"엄마, 이거 라이온 로봇. 하하, 이거 할래. 엄청 멋지지!"

"와, 멋지다. 엄청 크고 좋다."
"나 이거 할래."
아이는 로봇 포장상자를 덥석 잡으며 말했다.
"그런데 엄마, 아빠가 생각했던 것보다 가격이 비싸네. 라이언 로봇은 초록종이 돈 8장이 필요한데 어떻게 하면 좋을까?"
"아앙! 그래도 이거 살 거야!"
아이는 '징징이 모드'로 돌입하려고 했다.
"그래. 꼭 사고 싶지. 엄마도 약속을 해서 사주고 싶은데 아빠가 힘들게 일하셔서 벌어 오신 돈이라 절약해야 하거든."
엄마와 아이가 얘기하는 동안 아빠는 스마트폰으로 얼른 인터넷 검색하더니 직접 주문해서 택배로 받으면 6만 원에 살 수 있다고 했다.
"이런 방법은 어때? 택배아저씨한테 가져다달라고 하면 초록종이 돈이 6장만 있으면 된대. 어때?"
"싫어요. 나는 지금 당장 갖고 싶단 말이에요. 엄마, 그럼 소방차 로봇은 얼마예요? 자동차 로봇은 얼마예요?"
"정운이는 로봇을 지금 당장 데려가고 싶구나. 소방차 로봇은 초록종이 돈 5장, 자동차 로봇은 4장이 필요해."
"그럼 자동차 로봇으로 할게요. 이건 4장만 있으면 되니까요."
아껴 쓰는 것도, 비싸다는 말도 아이가 알아들었다는 것에 정운이 부모는 놀랐다.
"아, 그런 방법도 있었구나. 그런데 집에 가서 라이온 로봇이 계속 생각나면 다시 사고 싶어질 것 같아 걱정이 되네. 어떡하지?"

Chapter 1 유아를 위한 엄마 말 한마디

"생각해볼게요."

이렇게 말하고 아이는 여기저기를 한참 구경하고 있었다. 엄마, 아빠는 배가 고팠지만 아이가 스스로 선택할 수 있도록 기다리며 30분이 넘는 시간을 장난감 코너에서 보냈다. 그랬더니 드디어 듣고 싶은 말이 아이의 입에서 나왔다.

"엄마, 그럼 택배 아저씨는 언제 와요?"

"두 밤 지나면 오신대."

"두 밤이요? 그럼 택배 아저씨한테 받을게요"라고 하는 것이었다. 엄마는 정말 기쁘고 감사했다. 예전 같았으면 10분도 참기 어려워서 "울어도 어쩔 수 없어", "엄마는 갈 거야"라고 말하며 돌아섰을 것이다. 아이의 마음을 읽어주며 엄마 마음도 정직하게 표현하는 것은 생각할 수도 없었던 일이었다.

간단한 식료품만을 사서 집으로 가는데, 차 안에서 아이는 자기 건 아무것도 없다며 서럽게 울었다. 그래서 "정운이 장난감이 없어서 속상하구나"라고 마음을 읽어주며, 편의점 앞에 차를 세웠다. 사고 싶은 것 하나 골라보라고 했더니 기특하게도 1,000원짜리 과자를 집었다. 그리고 덤으로 소시지도 받아왔다.

"이제 기분이 좋아졌니?"라고 하니 "네 좋아졌어요. 나는 엄마를 믿으니까요"라고 하는 것이었다.

처음 들어본 말이다. 5살 아들이 엄마에게 믿는다고 하다니. 그동안 힘들었던 것들이 아이의 말 한마디로 눈 녹듯이 녹아버렸다. "정운이가 엄마를 믿어주니 기뻐"라고 아이에게 마음을 전했다.

정운이 엄마는 6개월 전부터 효과적인 부모역할교육에 참여하고 있다. 요즘 들어서 아이의 마음을 이해하고 엄마의 마음을 아이에게 이해받는 일이 수월해지고 있다. 예전에는 친구가 "요즘 어때?"라고 물으면 "아들이라 에너지가 넘쳐서 힘들어"라고 답했다. 하지만 이젠 아니다. "요즘 정운이가 너무 예뻐서 천천히 크면 좋겠어"라고 답한다.

 # 양말을 뒤집은 채 세탁하면 깨끗하게 할 수 없어

힘들다고 말하면 아이는 엄마를 도와준다

서은이 엄마는 서은이가 6살 때인 3년 전까지 맞벌이를 했다. 많이 고단하고 힘든 시간을 보내면서 피곤한 것도 말하지 않은 채 일과 육아를 열심히 병행했다. 육아를 잘하고 싶어서 육아서도 열심히 읽었고 아이 말을 경청하려고 노력도 했다.

두 아이와 남편에게 맞추느라 힘든 점은 이야기하지 않고 감정을 꾹꾹 눌러 담으면서 이러다 병나겠다 싶었는데, 다행히 자신의 마음을 드러내고 전달할 수 있는 도구를 알게 되었다.

요즘 서은이 엄마는 '나-전달법'을 활용하면서 새로운 길이 보이는 것 같은 기쁨과, 답답한 마음이 열리는 신통한 경험을 하고 있다.

다음은 서은이 엄마가 경험한 이틀 동안의 사례들이다.

1) 양말 벗어놓기

학교에서 돌아온 서은이는 운동화를 신고 가서 너무 더웠다면서 책가방과 신주머니를 그대로 둔 채 현관에서 양말을 벗었다. 양말 두 짝이 속이 보이도록 뒤집어 벗어서 현관에 그대로 두고 자리를 뜨려고 했다. 그 순간 엄마는 숨을 크게 들여 마신 뒤 마음을 정리하고 딸에게 말했다.

"서은아! 양말을 뒤집어서 현관에 벗어놓으면 엄마가 세탁기 돌린 뒤에 찾게 되고 다시 빨래를 해야 되니까 엄마가 많이 힘들어."

아이는 현관에 있는 양말을 주워서 세탁기에 넣으려고 했다.

"양말이 뒤집힌 채 세탁기에 들어가면 깨끗이 안 빨릴까 봐 걱정되네."

"이렇게?"

아이는 양말을 바로 뒤집어서 세탁기에 넣었다.

"고마워!"

그날 밤 동생과 샤워하면서 아이는 옷을 예쁘게 바로 해놓고 동생이 벗은 옷까지 세탁기에 넣어주었다.

"서은아! 고마워. 엄마가 옷 찾으러 안 돌아다녀서 편하게 됐네."

2) 유모차에서 내려줘!

이 교정치료를 해야 하는 큰아이가 치과에 예약이 되어 있었다. 오늘은 남편이 차량을 이용해서 작은아이를 유모차에 태우고 큰애와 버스를 타고 가야 했다. 아이를 먼저 버스에 올리고 유모차를 실어야 하는데 아이는 유모차에 앉아서 안 내리겠다고 안전벨트에 손도 못 대게 했다. 어쩔 수 없이 아이를 태운 채 힘들게 유모차를 들어서 버스에 탔다. 엄마는 버스 안에서 아이와 눈을 맞추고 말했다.

"하은아! 엄마가 유모차랑 하은이랑 함께 들고 올라오니까 많이 힘 들었어. 하은이 올려놓고 유모차를 들면 가벼워서 쉽게 할 수 있는데 하은이가 유모차에서 내리지 않으니 엄마 힘이 빠졌어."

4살 하은이가 가만히 듣고 있더니 "미안해"라고 말한다.

알아들은 거겠지. 신기하고 중요한 건 엄마 마음이 풀렸다. 4살 아이에게 힘들다고 말하고 나니 신기하게도 평정심이 유지되었다.

3) 엄마도 이불이 필요하단다

잠자리에 들면서 큰아이가 이불 하나를 덮고 작은아이와 엄마가 이불을 같이 덮었다. 엄마가 이불을 조금 당겼더니 아이는 "이불 내 거야" 하고 가져갔다.

"하은이가 다 가져가면 엄마는 많이 추워."

춥다고 해도 아이가 반응이 없자 일부러 감기 걸린척 "에취, 콜록콜록" 하고 추운 시늉을 했다. 아이는 잠깐 있다가 말했다.

"같이?"

엄마는 얼른 대답을 했다.

"응. 좋아! 같이 덮자. 아이 따뜻해."

엄마가 직접 이불을 달라고 하지 않았는데, 아이 스스로 함께하자는 생각을 해내는 것이 기특하고 신기했다.

"나는 엄마가 참 좋아!"라고 안기는 아이를 꼭 안아주었다.

4) 샤워 좀 하자

큰아이는 씻는 것을 좋아하지 않는다. 모기에 물린 후 긁어서 양다리에 15군데 정도 상처가 생겨서 습윤 밴드를 붙여놓은 상태였다.

"엄마! 오늘은 샤워 안 하면 안 돼?"

"오늘은 샤워 안 하고 싶구나."

"응, 엄마! 손, 발 얼굴만 씻고 싶어."

전 같으면 "안 돼, 샤워는 꼭 해야 해", "샤워하는 게 좋을 텐데", "너 정말 왜 그래?" 등등으로 말했겠지만 "서은이가 샤워하지 않으면 땀 냄새 맡은 모기가 올 것이고 가려워서 긁으면 여기저기 상처날까 봐 걱정이 된단다"라고 또박또박 말했다.

서은이도 엄마 따라 또박또박 말하기 시작했다.

"손, 발, 얼굴은 비누로 씻고, 머리는 감고, 몸은 물로 씻어서 땀을 없애는 거야."

"아! 몸은 물로만 씻어?"

"비누로 세게 말고 살살!"

결국은 아주 깨끗하게 샤워를 하고 나왔다. 그것도 기분 좋게.

요즘은 힘들다고 얘기하면 큰아이가 엄마를 참 많이 도와준다.

성준이가
더 잘하고 싶었구나

이해받은 한마디 말은 부정적인 감정을 씻어낸다

오늘도 저녁에 7살 아들 성준이와 남편이 블루마블게임을 신나게 하고 있었다. 이번 게임은 아빠의 승! 늘 그렇듯이 아이는 짜증을 내기 시작했다. 성준이는 게임하는 걸 너무 좋아하지만 지기만 하면 이렇게 난리가 난다.

아이의 이런 태도를 못마땅해하던 남편은 처음에는 "게임을 하다 보면 질 수도 있고 이길 수도 있는 거야? 성준아, 이런 걸로 이렇게 짜증 내면 안 돼"라고 달래려하다가 그래도 더 크게 짜증을 내는 아이를 보고는 "다신 너랑 게임하지 않을 거야" 하고 화를 냈다. 그걸 보던 누나 하영이는 덩달아 "쟤는 맨날 게임하다가 지기만 하면 저래요" 하고 불만스럽게 말했다. 누나에게까지 그런 말을 들으니 아이는 더욱 화가 났다.

남편은 "네가 그렇게 하면 친구들이 아무도 너랑 안 논다"고 이런저런 훈계를 하더니 좋지 않은 버릇은 무조건 가르쳐서 고쳐야 한다고 말했다. 그럴수록 상황은 끝나기는커녕 아이는 더욱 화가 나서 씩씩 대며 뛰어 다녔다. 이러다간 정말 크게 혼이 날 것 같았다.

아빠가 화가 많이 난 걸 안 아이는 갑자기 엄마에게 달려와 안겼고 엄마는 부모교육 때 배운 대로 "성준이 정말 속상했구나"라고 말한 후 한마디가 더 생각이 나서 "성준이가 정말 더 잘하고 싶었구나"라고 했다. 그 순간 그렇게 화가 풀리지 않던 아들이 고개를 끄덕끄덕하더니 헤 하고 환하게 웃는 게 아닌가! 기대 이상의 반응에 엄마는 놀랐다.

예전 같았으면 아이를 달래려고 이런저런 설명과 훈계를 하다 결국 엄마, 아빠에게 혼나고 끝날 일이었다. 그런데 그 말 한마디에 씩씩거리며 울먹이던 아들이 다 잊은 듯 웃으며 벌떡 일어나는 게 아닌가! 믿기지 않는다. 아이의 마음을 정확히 읽어주기만 해도 이렇게 효과적인 것에 놀랍고 감사할 뿐이었다.

위의 사례에서 생각해보고 싶은 것이 있다. 게임을 하면 이길 수도 있고 질 수도 있다는 것을 아이가 자연스럽게 받아들여야 하는데, 자신이 지는 것을 받아들이지 못하고 이길 때까지 계속하자고 떼를 쓰기도 하고 마음대로 안 되면 울거나 짜증을 내는 아이가 있다. 이럴 때 아이를 달래느라 일부러 져주는 것도 바람직하지 않다. 또한 가르쳐야 한다는 생각에 아이를 질책하고 훈계하는 것도 바람직하지 않기는 마찬가지다. 지나치게 승부에 집착하지 않고 게임 자체를 즐길 수 있는 태도를 갖게 하기 위해서는 부모의 대처 방법이 중요하다.

아이가 떼를 쓴다고 무조건 받아들이는 것이나 아이의 잘못을 야단을 쳐서 가르치는 것은, 이기거나 지는 것만 아이에게 보여주는 게 된다. 이러한 방법에 길들여진 아이는 승패만 알게 되어 승리에 집착하거나 무력한 패배자가 될 우려가 있다. 아이가 알아가야 할 바람직한 방법은 대화를 통해서 서로가 기분 좋게 사실을 인정하는 방법이다.

성준이가 게임에 지고 짜증을 낼 때 아빠가 못마땅해서 가르치려고 질책하는 대신 "성준이가 게임에서 져서 기분이 상했구나", "잘하고 싶었는데 마음대로 안 돼서 속상하지"라고 아이의 마음을 알아주는 대화를 먼저 했다면 아마 아이의 부정적인 감정은 쉽게 해소되었을 것이다. 그래도 아이의 욕구가 강렬할 때는 떼를 더 쓸 수도 있다. 그럴 땐 "오늘은 아빠가 다른 할 일이 있어서 더 이상 게임을 하기 곤란해", "오늘은 시간이 너무 늦어서 게임을 더 하기 곤란해", "이제 아빠가 너무 피곤해서 쉬어야 한단다"라고 단호하게 말하되 아이를 비난하지는 않아야 한다. 군림하지 않고 아이를 존중하면서 대화를 한다면 부모, 자녀 간에는 이기고 지는 방법이 아닌 서로 만족하는 좋은 관계가 될 수 있을 것이다. 성준이 아빠가 짜증 내는 아이에게 훈계, 설득하고 경고하는 것은 아이의 짜증을 더 가중시키는 의사소통의 걸림돌이 될 뿐 문제해결에 도움이 되지 않는다.

다행히 부모역할공부를 한 성준이 엄마가 적절히 아이의 마음을 읽어주어 평화로운 가정 분위기를 되찾을 수 있었다. "성준이가 더 잘하고 싶었구나"라고 한 것은 아이의 마음을 정확히 읽어준 말이었다.

이해받은 한마디의 말은 부정적인 감정을 씻어내게 하고 건강한 이성을 찾게 하는 힘이 있다. 가르치고 훈계하는 것은 이성을 찾은 다음에 할 때 효과적이다.

엄마는 그 이유가 정말 궁금해

좋은 부모가 되는 것은 기다림을 배우는 것

리안이는 초등학교 3학년 누나, 1학년 형을 둔 막내로 만 3살이다. 리안이는 작년에 형이 유치원에 다닐 때부터 형처럼 유치원에 가고 싶어 했다. 올해 4살이 된 아이는 아직 유치원은 갈 수가 없었는데, 마침 어린이집에 자리가 나서 다니기 시작했다. 리안이는 활발해서 어린이집에 적응도 잘했다. 아침에 일어나면 어린이집에 가자고 노래를 부르면서 먼저 현관에 서 있었다.

그런데 올 10월 수족구병을 앓게 되어 일주일가량 집에서 시간을 보내면서 어린이집에 가지 않겠다고 떼를 쓰기 시작했다.

"햇님(어린이집)에 안 갈 거야! 엄마랑 집에 있을 거야!"

어린이집에 가야 할 날이 다가왔는데 하루에도 수 십 번씩 안 가겠다는 말을 달고 살았다. 엄마는 집안일을 하고, 작은아이 등하교와 큰아이 학교 시험 준비를 도와주는 일 등이 너무 벅찼기 때문에 일주일이 끝나자마자 어린이집에 데리고 갔다.

리안이는 어린이집에 가는 내내 안 가겠다고, 싫다고 했다. 어린이집 현관에 도착하니, 안 들어간다고 소리를 지르고 버티다가 결국은 선생님께 안겨서 발버둥을 치면서 들어갔다. 마음이 착잡했다. 아빠가 데려다주기도 하고, 아이와 교실까지 같이 가서 아이가 놀이에 정신을 파는 사이에 몰래 나오기도 여러 번 하고, 매정하게 문 앞에 떼어놓고 나오기도 했다. 3주를 그렇게 힘들게 헤어졌다.

처음 입학할 때는 안 그러더니 지금 와서 왜 이러나 싶기도 하고 도무지 어찌해야 할 바를 몰랐지만 부모역할교육에서 배운 대로 아이 마음을 열심히 읽어주었다. 아이와 어린이집에 오갈 때, 집에서 놀 때도 틈나는 대로 아이의 마음을 읽어주려고 노력했다.

"리안이가 어린이집에 가기 싫구나."

"응, 가기 싫어."

"그래, 계속계속 엄마한테 얘기하고 싶을 만큼 많이 가기 싫었어?"

"응, 정말 안 가고 싶어!"

이렇게 얘기만 하다가는 끝이 없을 것 같아서 한참 마음을 읽어주고 물어보았다.

"그런데, 왜 안 가고 싶어?"

"햇님이 싫어!"

"형아랑 누나랑 같이 가고 싶어."

"그래. 리안이 형이랑 누나랑 같이 햇님에 가고 싶구나."

"햇님에 안 가고 싶어. 교회 가고 싶어."

"그래, 교회에 모두 같이 가고 싶구나."

그러고도 계속, 놀이공원에 또 어디에 가고 싶다는 등 여러 이유를 댔다. 기회가 있을 때마다 그렇게 아이 마음 읽기를 했다. 물론 중간마다 "엄마는 너 혼자 집에 놔두고는 불안해서 볼일을 보러 갈 수 없다", "네가 어린이집에서 잘 놀고 있으면 엄마는 마음이 편하다"고 말하기도 했다. 그렇게 열흘 정도가 지나자 아이는 어린이집이 싫다고는 하지 않고, 엄마와 같이 어린이집에서 놀고 싶다고 했다.

"엄마랑 같이 햇님에서 놀고 싶어. 같이 있고 싶어."

"그래? 그렇구나, 우리 리안이 엄마랑 같이 햇님에서 놀고 싶구나."

"응. 같이 놀고 싶어."

아이는 어린이집에서 놀고도 싶고, 엄마와도 함께 있고 싶은 마음이었다. 마음이 아팠다. 사실 4살 나이에는 엄마와 같이 있는 것이 가장 좋지만 현실은 그럴 수 없었다. 이렇게 대화를 계속하면서 2주를 더 아침마다 울면서 어린이집 문 앞에서 헤어졌다. 담임선생님은 교실에만 들어가면 언제 그랬느냐는 듯이 울음을 뚝 그치고 아무렇지도 않게 잘 논다고 했다. 정말 답답했다.

그런데 3주가 지난 어느 날, 아이가 아무렇지도 않게 어린이집 현관문을 열고 들어가서 빠이빠이를 했다. 믿어지지 않는 일이 한순간에 일어났다. 집에 오는 길에 아이가 "아침에 울지 않아서 선생님께서 최고라고 칭찬해줬어"라고 했다. 엄마도 아이에게 "최고!"라고 칭찬해주었다. 다음날도 그다음날도 계속 아이는 아무 일 없었다는 듯이 어린이집 현관에서 뒤도 돌아보지 않고 들어갔다. 정말 신기했다. 그래서 너무 궁금해서 아이에게 물어보았다.

"엄마는 리안이 어린이집에 들어갈 때 웃으면서 즐겁게 들어가서 기분이 좋았어. 정말 행복했어. 그런데 왜 갑자기 안 울고 들어갔어? 엄마는 그 이유가 정말 궁금해."

"응, 힘들어서…… 울기 싫어서."

4살 아이가 힘들어서 그만뒀다니…… 울기가 싫어졌다니. 정말 뭐라고 해야 할지 몰라서 한참 아이 얼굴만 바라보고 있다가 그냥 웃었다. 아이도 같이 웃었다. 그리고 아이에게 오랫동안 칭찬을 해주고 엄마의 마음을 표현해주었다.

"엄마는 리안이 어린이집에 울고 갈 때는 마음이 너무 힘들고 슬펐는데, 이제 웃으면서 엄마랑 빠이빠이할 때는 정말 행복하고 기뻐. 멋있어! 그리고 고마워."

아이는 배시시 웃고는 자기가 좋아하는 놀이를 하러 뛰어갔다.

계속해서 아이의 마음을 읽어주고 기다린 시간이 길게 느껴지지 않았고, 아이와 함께 성장한 것 같아 정말 뿌듯했다.

준하를 초대하고
싶지 않구나

감정의 물꼬를 터주면 부정적인 감정이 사라진다

새해가 되어 6살이 된 외동아들 윤우는 평소에 내성적이고 낯가림을 한다. 그러다 보니 친구들하고 어울릴 때도 주도적이기보다 양보하고 리드당할 때가 많다.

어느 날 가끔 만나던 친구를 집에 초대해서 3시간가량 놀다 돌아갔다. 친구가 윤우 장난감 자동차에 블록을 집어넣어서 문이 닫히지 않게 되었다. 친구를 배웅하고 나서 윤우가 속상한 마음을 드러냈다.

"엄마. 나, 너무너무 화가 나. 준하가 내 장난감 버스에 블록을 집어넣어서 소리가 나고 문이 안 닫혀. 내 장난감인데 준하가 함부로 가지고 놀았어. 그래서 정말 화가 나"라고 하면서 발을 쿵쿵 굴리며 속상해했다.

"우리 윤우 많이 속상했구나. 준하가 윤우 장난감을 마음대로 가지고 놀고 고장을 내서 화가 많이 났지!"

"응. 정말 정말 화가 나."

엄마는 아이를 안고 토닥토닥해주었다. 아이 마음을 잘 달랬다고 생각하고 엄마는 하던 일을 계속했다. 그날 이후 아이는 혼자 놀 때면 문득문득 그때 일이 생각나는지 준하를 다시는 초대하지 않겠다고 다 풀리지 않은 화난 감정을 드러내곤 했다.

그럴 때마다 엄마는 부모교육을 받을 때 실습한 대로 아이의 마음을 읽어주었다. "우리 윤우 화가 안 풀렸구나"라고 하고, "준하는 초대하고 싶지 않구나"라고도 했다.

그렇게 지내기를 며칠째 되던 어느 날, 엄마는 불평을 그만 듣고 싶다는 생각도 들었지만 한편으로는 아직도 풀리지 않은 응어리가 있다면 풀어줘야겠다는 생각이 들어서 아이 말끝에 제안을 했다.

"엄마. 준하 다시는 우리 집에 초대하지 마세요. 내 장난감도 함부로 하고, 아직도 화가 나요."

"아! 우리 윤우가 그날 일이 계속 생각이 나는구나. 윤우야, 준하한테 하고 싶은 말을 써볼까? 윤우 마음을 그대로 편지에 적어보면 어때?"

"네! 좋아요. 엄마, 내가 말하는 것을 엄마가 적어요."

"응. 그래. 엄마가 쓸게."

> 준하야!
> 우리 집에 절대 오지 마. '타요차'에 무얼 넣어서 속상해. 너의 '프테
> 라킹' 만지지 못하게 해서 우리 집에 초대하지 않을 거야. '스테고 킹',
> '티라노 킹', '트리케라톱스킹' 손대지 못하게 해서 너희 집에 안 갈
> 거야. 너희 집에서 장난감을 만지지 못하게 해서 난 많이 속상하고
> 화가 났어. 그래서 이제 난 민서 형아랑 놀 거야. 그리고 또 다른 친구
> 들이랑 놀 거야. 너랑 안 놀 거야. 너 싫어. 계속 안 놀 거야. 매일매일
> 계속 안 놀 거야.
>
> 2015. 2. 3. 용감한 윤우가.

"엄마, 이제 내일 우체국에서 편지 보내요."

"응, 그러자."

장난감 자동차가 고장 난 것 외에도 아이의 마음속에 억울한 감정이 쌓여 있었다는 것을 알게 되었고, 자신의 솔직한 마음을 쏟아낸 아이가 기특하고 대견했다. 10분가량 흐른 후 아이는 밝은 얼굴로 엄마에게 다시 말을 했다.

"엄마, 나 준하한테 편지를 또 써야겠어요."

"아! 그래, 또 써보자."

> 준하야!
> 미안해. 내가 화를 내어서 미안해.
> 　　　　　　　　　　2015. 2. 3. 멋진 윤우가.

　　10분가량 지났을 뿐인데 아이의 달라진 모습이 너무 놀랍고 신기했다. 감정의 물꼬를 터주고 쌓였던 부정적인 감정이 사라지고 나니 좋은 마음이 저절로 나오는 것이 느껴졌다. 아이 마음이 참 홀가분하고 가벼워 보였다. 아이가 예민하고 내성적이라고만 생각했는데 아이의 또 다른 모습을 보게 되어 기뻤다.
　　이렇게 건강하고 아름다운 마음을 가졌구나! 누구보다 용감하고 씩씩한 아이구나!
　　다음날 엄마와 아이는 편지를 우체국에서 보내는 대신 집에 보관했다가 준하를 초대해서 선물과 함께 주기로 합의하고 선물상자에 넣어서 보관하기로 했다. 아이가 먼저 이렇게 말했기 때문이다.
　　"엄마! 이제 우리 집에 준하 초대해요."

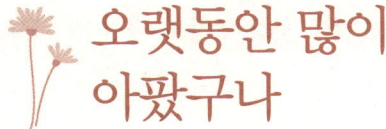
오랫동안 많이 아팠구나

나이에 맞는 행동을 하는 아이가 건강하다

어느 날 7살, 4살인 형제가 장난감을 서로 가지고 놀겠다고 다투기에 엄마는 화가 나서 장난감을 뺏고 아이들의 다툼을 강제적으로 종료시켰다.

큰애가 방에 들어가서 한동안 나오지 않았지만 혼자 놀겠거니 하고 엄마도 집안일을 하고 있었다. 한참 후에 보니 아이가 거실 소파에 앉아 있었는데 얼굴에 눈물자국이 보였다. 엄마가 다가가서 아이에게 물어봤다.

"아까 엄마가 혼낸 것 때문에 울었어?"

"아니요."

아이의 눈에는 눈물이 가득 고여서 뚝뚝 떨어졌다. 큰애에게서 그런 모습은 처음 보는 일이라 내심 놀랐지만 침착하게 아이 마음을 읽어주는 말을 했다.

"우리 아들! 슬픈 일이 있구나."

"엄마! 너무 힘들어요. 시우(동생)는 말도 못 알아듣고 내가 다 양보해야 되고……."

"시우 때문에 많이 힘들었구나."

"시우, 없어졌으면 좋겠어요."

"그렇게나 많이 힘들었구나."

엄마는 아이의 속상한 마음이 진정될 때까지 안고 토닥여주었다. 작은애가 태어나고 동생에게 시샘하거나 투정하는 모습을 한 번도 본 적이 없었는데 이제야 자기 속마음을 엄마에게 터놓고 말하는 아이가 애처롭게만 느껴졌다. 그동안 눈물도 마음속으로 삭이며 의젓한 형 노릇을 해온 아이가 얼마나 힘들었을까 하는 생각을 하니 엄마는 마음이 아프고 아이에게 미안하기만 했다.

며칠 후 큰애와 잠자리에서 대화를 하면서 물어봤다.

"아직도 시우 때문에 많이 힘들어?"

"엄마! 시우 때문에 몸에서 피가 나는 것같이 아파요."

"오랫동안 많이 아팠구나."

아이의 스트레스가 얼마나 컸으면 7살 사내아이가 몸에서 피가 나는 것 같다고 할까? 엄마는 마음이 너무 아파 복잡한 심정이었다. 앞으로 진심으로 아이의 얘기를 들어주고 마음을 읽어주리라. 그래서 조금씩 더 좋은 엄마가 되어야겠다고 다짐했다.

동생이 태어났을 때 큰아이가 받는 스트레스는 크다. 자신에게 쏠렸던 모든 사랑을 동생에게 뺏기는 경험을 하기 때문이다. 한 심리학자는 비유해서 말하기를, 남편이 둘째 부인을 집에 데리고 왔을 때 아내가 느끼는 것과 같은 박탈감을 큰애가 느낀다고 했다.

동생이 태어나면 큰애를 많이 배려해야 하고 큰애에게 동생을 위해 너무 많은 것을 양보하라고 주문하지 말아야 한다. 말 잘 듣는 착한 아이는 스트레스를 풀지 못하고 쌓아둔다. 어른의 평가나 기대에 맞추기 위해 자신의 욕구를 누르고 양보해야 하기 때문이다. 해소하지 못하고 쌓인 스트레스는 아이의 정신건강에 나쁜 영향을 미치게 되고 때로는 돌발적인 행동으로 폭발할 수도 있다. 그렇기 때문에 부모는 아이가 나이에 맞는 행동을 해서 억압된 감정을 쌓아두지 않고 풀어버릴 수 있게 해야 한다.

위 사례에서 7살 큰아이는 4살 동생에게 시샘도 투정도 하지 않고 엄마 말을 잘 듣는 착한 아이로 커왔다. 큰애가 동생에게 장난감을 양보하지 않고 서로 갖겠다고 다투는 것은 그 나이의 아이다운 자연스러운 행동이다.

동생에게 양보만 하던 아이의 건강해진 모습이라고 할 수 있다. 엄마가 부모교육을 받은 후, 마음의 힘이 생긴 아이가 자신의 욕구를 감추지 않고 솔직히 드러내는, 예전과 달라진 모습이다. 그리고 엄마가 자신의 마음을 알아주니까 아이는 울면서 힘들고 아팠던 마음을 엄마에게 터놓고 말했다. 억눌렸던 부정적인 감정이 해소되면서 아이의 정신건강이 좋아져서 EQ(정서지능)가 높아져 심신이 건강한 아이로 성장할 것이다.

'개구쟁이라도 좋다. 튼튼하게만 자라다오'라고 한 광고문구가 생각난다. 아이는 아이다운 게 좋고 나이에 맞는 행동을 하는 아이가 건강한 아이다. 우리말에는 '애어른'이란 말이 있고, 미국에선 '소교수(LP 증후군, Little Professor)'라는 말이 있다. 애답지 못하고 어른스럽거나 모범생 콤플렉스에 빠진 아이를 일컫는 말이다.

저녁에는
꼭 만들어줄게

아이들은 자기 생각대로 해석하고 받아들인다

아이들과 함께 엄마도 외출 준비를 해야 하는 날 아침이었다. 다른 날보다 조금 일찍 일어나서 간단히 먹을 수 있도록 아침밥 준비를 했다. 세 아이에게 줄 계란볶음밥, 계란찜과 물, 수저를 각자의 예쁜 쟁반에 담아놓았다.

준비된 식탁을 본 7살 둘째 유나가 대성통곡을 하기 시작했다.

"엉엉. 엄마는 맨날맨날 내 말도 안 들어주고……. 스팸 주먹밥 먹고 싶다고 어제도 두 번이나 말했는데…… 엉엉."

시간도 촉박한데 그 모습을 보고 있자니 솔직히 속이 부글부글 끓었지만 잠시 심호흡을 하고 마음을 진정시켰다. 부모교육수업을 하는 날인데 아이한테 소리 지르고 가면 마음이 안 좋을 것 같아서 '아이 마음 읽어주기'를 실천해보기로 했다.

"유나가 스팸주먹밥이 많이 먹고 싶었구나."

"내가 얼마나 먹고 싶었는데 엄마는 내 말도 안 들어주고 계란볶음

밥을 해주고…… 엉엉, 어제도 스팸주먹밥 먹고 싶다고 엄마한테 말했는데 해준다고 해놓고 안 해줬잖아."

"유나는 오늘 해주는 줄 알았구나. 엄마는 다음에 해준다고 했는데……."

"그래도 지금 당장 해줘. 난 지금 먹고 싶단 말이야."

"지금 꼭 먹고 싶다고? 그런데 어떡하지? 지금은 밥이 없어. 밥 지으려면 시간이 오래 걸려서 유치원 버스를 못 타게 돼."

유나는 잠시 울음을 그치고 생각하더니 말했다.

"그럼 지금은 스팸만 구워주세요. 그리고 저녁에는 스팸주먹밥 해줄 수 있어요?"

"그럼. 저녁에는 꼭 만들어줄게."

"알았어요, 엄마."

이렇게 유나와의 한바탕 전쟁이 잘 마무리되었다.

엄마는 화내지 않은 자신에게 흐뭇해하고 있는데, 5살 막내가 구워준 스팸이 크다고 해서 4조각으로 잘라 주었다. 그랬더니 "내가 이렇게 2개로 잘라달라고 한 건데…… 싫어, 원래대로 해줘"라며 엉엉 울면서 떼를 쓰기 시작했다. 평소처럼 "그냥 먹어"라고 윽박지르고 싶은 마음도 있었지만 아이와 말을 하기 전, 여유를 갖기 위해 돌아서서 심호흡을 하는데 둘째가 동생에게 말했다.

"재현아. 누나 거 스팸이랑 바꿔줄까? 입에 들어가면 다 똑같아. 씹으면 작게 잘라지잖아. 그러니까 똑같은 거야"라고 동생을 달래주었다.

종종 엄마 말보다 누나 말을 더 잘 듣는 막내에게 누나 말은 효과가 있었다. 스팸을 바꿔준다는 말에 울음을 그치더니 입에 들어가면 다 똑같다는 말이 또 효과가 있었는지 자기 햄을 덥석 입으로 넣었다. 이렇게 두 아이와의 문제는 평화롭게 해결되었다.

엄마에게서 속상한 감정을 공감한 둘째가 동생의 마음을 읽어주었다. 엄마는 둘째를 도와줬고, 둘째는 막내를 도와준 결과였다. 만약에 엄마가 시간이 없다는 이유로 둘째에게 화를 내고 아이의 감정을 억압했다면 둘째가 셋째를 도와줄 수 없었을 것이고 결국 두 아이를 한바탕 울린 채 유치원에 보냈을 것이다.

위 사례에서처럼 아이와의 소통은 구체적으로 확인하지 않으면 어긋나기 쉽다. 아이들은 자기중심적이기 때문에 자기 생각대로 해석하고 받아들이는 경우가 많다. 이렇게 서로의 생각이 어긋나서 부딪치는 일이 바쁜 아침 시간에 생기면 더욱 곤란해진다. 바쁜 시간에는 엄마도 여유를 갖기가 쉽지 않다. 바쁘다는 이유로 빨리 해결하기 위해서 아이 스스로 생각할 수 있는 기회를 주기보다 엄마의 일방적인 해결책을 강요하기 쉽기 때문이다. 엄마의 강요에 무조건 따르게 하는 방법도 바람직하지 않거니와 아이 뜻을 다 받아들이고 부모가 양보하는 방법도 바람직하지 않기는 마찬가지다.

좋은 부모가 되기 위해서는 아이를 존중하는 마음을 가지고 대화하고 아이에게 스스로 생각할 수 있는 기회를 많이 주어야 한다. 그래서 문제해결은 부모와 자녀가 함께 만족할 수 있는 답을 찾도록 하는 것이 좋다.

먹고 싶었구나

감정이 정화되면 이성이 빛날 수 있다

식사시간이나 간식시간에 더러 아이들끼리 다툼이 생긴다. 서로 맛있는 것을 먹겠다거나 많이 먹겠다고 다투는 경우가 있고, 하나밖에 없는 것을 서로 차지하려고 다투는 경우도 있다. 때로는 하찮은 것을 꼭 차지해야겠다고 양보하지 않는 아이들에게 부모는 더 맛있는 것이나 더 좋은 것을 제시하고 한 아이가 양보할 것을 부탁하게 된다. 이때 한 아이가 순순히 양보하는 경우보다 누구도 양보하지 않으려고 하는 경우가 더 많다. "꼭 이거 할 거야, 더 좋은 거 필요 없어요"라고 말한다면 아이의 문제는 욕구보다 감정에 있다.

이런 감정은 형제간에 만만하게 보이기 싫다거나 힘의 대결에서 상처받은 경험 등이 양보하고 싶지 않은 이유가 된다. 반면 서로의 감정에 응어리가 없다면 욕구충족이 되는 것으로 만족한다. 더 좋은 것을 얻는다면 욕구는 충족되기 때문이다. 형제간이나 가까운 사람 사이의 갈등은 욕구문제 이전에 감정문제로 접근해볼 필요가 있다.

욕구충족보다 감정수용이 우선되어야 한다는 것을 알 수 있는 사례가 있다. 오징어 숙회를 고추장에 찍어서 잘 먹는 6세 아이다. 아이는 엄마가 일하는 식당으로 들어오면서 반가운 듯 말했다.

"엄마, 오징어 냄새 난다."

아이는 오징어 먹을 것을 기대하는 듯했다.

"오징어가 아니고 조개 냄새란다."

엄마는 별생각 없이 말했다.

"아니야, 오징어 냄새야."

아이는 기대를 버리기 싫은 것이다.

"아닌데, 조개 볶아서 미역국 끓였는데."

엄마는 아이에게 미안한 마음으로 다시 한 번 사실을 확인시켰다.

"싫어, 엄마! 오징어 냄새야."

아이에게는 사실이 중요하지 않았다. 오징어를 먹고 싶은 마음을 이해받고 싶었던 것이다. 아이 얼굴에 불만이 서리는 것을 보고 엄마는 태도를 바꿨다. 아이의 마음을 읽어주기로 한 것이다. 감정부터 정리할 필요가 있으니까.

"오징어 먹고 싶구나" 하고 아이의 마음을 읽어주었더니 아니나 다를까 "네" 한다.

"엄마가 몰랐네, 준이가 오징어 먹고 싶은걸" 했더니 아이 얼굴에 미소가 번진다.

"엄마가 내일 오징어 사와서 준이 오징어 해줄게."

"네."

아이는 상황을 바로 받아들였다.
"오늘은 조개미역국이랑 밥 먹을까?"
아이의 의사를 물었다.
"네."
아이는 기분 좋게 대답했다.

아이는 오징어를 먹고 싶은 욕구보다 더 강한 것이 감정을 이해받고 싶은 것이다. 오징어 삶은 냄새가 아니라 조개 볶은 냄새라는 사실을 알리고 아이를 설득하는 것보다 우선해서 할 일이 아이의 감정을 받아들이는 것이다. 다시 말하면 아이들에게 이론적으로 옳고 그름을 따져서 잘못된 것을 바로 잡아주려는 것보다 감정을 받아들이는 것을 먼저 하는 것이 바람직하다.

감정이 평온해진 다음 욕구문제를 다룬다면 문제해결이 쉬워진다. 또 좋은 관계를 유지할 수도 있다.

인간은 감정의 동물이기도 하고 이성적인 존재이기도 하다. 앞의 말은 인간의 본성을 이해할 필요가 있을 때 하는 말이고, 뒤의 말은 인간이 지향하는 바를 알리는 말이다. 인간관계에서 생기는 갈등을 줄이고 해결하기 위해서는 감정을 수용하는 것이 우선되어야 한다. 감정이 정화되면 이성이 빛을 낼 수 있기 때문이다.

기다려주세요
나이에 맞게 참을성을 키우자

　아이를 키우면서 놓쳐서는 안 될 것 중의 하나는 만족지연능력을 길러주는 것이다. 마시멜로 연구를 통해서 잘 알려진 것처럼 참을 수 있고 기다릴 수 있는 아이가 보다 더 많은 능력을 발휘하는 삶을 살게 되는 것이다. 맛있는 과자를 앞에 두고 아이들이 참고 기다린다는 것은 힘든 일이다. 그렇지만 기다려서 더 많이 먹는 것을 선택할 수 있는 능력도 아이에게 있다.

　부모 중에는 아이가 예쁘니까 또 귀하니까 원하는 것을 즉시 들어주고, 다 들어주는 사람들이 있다. 아이가 커가면서 원하는 것이 많아지면 다 들어주기 곤란해진다. 또 아이가 참지 못하고 즉시즉시 욕구 충족을 하려고 하면 부모는 낭패감에 빠질 수밖에 없다. 어릴 때는 특별히 문제를 느끼지 않았다가 나이가 든 다음에 고치려고 하면 마음 대로 되지 않는다. 어릴 때부터 성장단계에 맞추어서 조금씩 참고 기다리는 방법을 알려주는 것은 꼭 필요한 일이다.

부모가 바쁘게 움직이고 있을 때 아이가 요구사항을 말한다면 먼저 바쁘다고 말한 다음 아이에게 기다려달라고 요청하는 것이 좋다. 아이의 요구가 다급한 문제일 때는 물론 예외로 해야겠지만. 예를 들면, "5분 안에 엄마가 하던 일을 끝낼게, 5분만 기다려주세요"와 같이 말하고 시간을 지켜서 아이의 요구를 들어주고 기다린 것에 대한 고마움을 전달해야 한다.

실제 사례를 들어보겠다. 한 할머니와 만 6세의 손자 아이는 기다리는 연습을 다음과 같이 하고 있다.

"할머니 누룽지 먹고 싶어요"라고 손자가 요청을 한다. "누룽지 만드는 데 10분이 필요해요. 기다려주세요"라고 할머니가 말하면 손자는 "할머니, 10분 기다릴 수 있어요"라고 하면서 시계를 본 후 "할머니 3시 35분에 주세요. 그때 올게요" 하고 기분 좋게 기다린다. 손자는 시계 보는 것을 알고 있다. 시계 보는 것을 모르는 아이라면 10분 후에 대해 가르쳐주면 된다.

할머니가 신문을 보고 있는데 와서 함께 게임(놀이)을 하고 싶다고 한다.

"할머니가 신문을 더 읽고 싶어. 5분만 기다려줄 수 있어요?"

"네, 5분만 기다릴게요."

할머니는 손자가 기다리는 시간이 5분을 초과하지 않도록 주의한다.

외출 중인 할머니에게 손자가 전화를 해서 묻는다.

"할머니 몇 시까지 올 수 있어요?"

손자는 할머니를 기다리는 중이다.

"할머니가 30분 후에 도착할 수 있겠네. 더 빨리 갈 수가 없어서 어쩌지?"

"할머니 30분 기다릴 수 있어요. 30분 후에 꼭 오세요."

평소 아이들에게 신뢰감을 심어주면 아이는 편안한 마음으로 기다리는 것을 배워나간다. 그리고 차츰 상황을 이해하고 다른 사람의 입장도 이해하는 건강한 아이로 커갈 것이다.

참을성은 건강한 사회인이 가져야 할 중요한 품성이다. 그런데 한두 자녀만 둔 핵가족 문제와 모든 것이 즉각 처리되기를 바라는 현대사회의 특성으로 볼 때 아이들에게 참을성을 길러주는 것이 쉽지 않다. 아이가 다 성장할 때까지 조금씩 참고 기다리는 연습을 하면서 길러지는 것이다.

싫어!
싫단다

행동수정보다 자존감 보존이 더 중요하다

아이에게 긍정적인 말을 많이 하는 것은 중요하다. 그렇다고 부정적인 말을 지나치게 아끼는 것도 바람직하지 않다. 상황에 따라 부정적인 말이 필요할 때는 잘 선택해서 말해야 한다.

예를 들어보자. 부모에게 안겨 있던 아이가 갑자기 부모의 머리카락을 잡아당긴다면 어떻게 하는 것이 좋을까? 이 경우 부모의 태도를 4가지로 나눠 볼 수 있다.

그 첫 번째는 아이의 잘못에 대해서 꾸중하는 방법이다. "왜 그래? 그러면 나쁜 애야", "너 혼나고 싶어?" 등으로 말하는 경우다. 아이는 자신의 행동이 잘못되었다고 생각하기보다 엄마가 자신을 미워해서 야단친다고 생각하기 쉽다. 강하게 나무라면 아이는 무안해지고 기가 죽거나 아니면 반항할 수도 있다. 따라서 좋은 관계를 유지하면서 행동을 수정하는 방법으로 적절치 않다.

두 번째는 확실하게 가르쳐야 된다는 생각으로 엄마도 아이의 머리카락을 잡아당기는 경우를 들 수 있다. 체험학습을 시켜야 된다고 주장하는 경우다. 그 순간 체험학습의 효과는 있겠지만 다른 문제점을 생각하지 않을 수 없다. 아이의 잘못이나 실수를 냉혹하게 응징하는 방법이기 때문에 부모로부터의 사랑보다 세상살이의 살벌함을 느끼게 할 수 있다. 아이가 부모와 세상을 신뢰하고 따뜻한 품성으로 커가게 하는 데는 좋지 않는 방법이다.

세 번째는 별일 아니라고 생각하고 내버려두고 참는다. 아이가 크면 당연히 하지 않을 행동이므로 문제가 아니라고 생각하는 것이다. "괜찮아", "엄마 아프지 않단다" 등으로 오히려 아이를 위로하고 아이의 부적절한 행동을 부추기는 경우다. 이렇게 할 경우 아이는 통제받지 않고 마음대로 행동하는 버릇없는 아이로 커가기 쉬울 것이다. 따라서 다른 사람을 배려하는 방법을 배우지 못하게 된다.

네 번째는 아이의 행동이 무슨 문제를 만들었는지 스스로 깨닫고 느낄 수 있도록 알려주는 방법이다. 불편한 일에 대해서는 싫은 감정이 자연스럽게 생긴다는 것을 아이에게 알려줄 필요가 있다. 이때 말과 일치되는 표정이나 행동을 보이는 것이 매우 중요하다. 아플 때는 아픈 표정을 짓고 싫은 것은 싫어하는 표정으로 말해야 한다. 웃으면서 "아프다", "싫다"고 말하면 잘못된 전달방법이다. 아이들은 말보다 표정이나 행동에 관심을 보이기 때문에 잘못 전달되어 장난스럽게 받아들이게 된다. 또 하나 잘못된 점은 아프고 싫은 것을 말할 때 화난 표정으로 아이를 탓하고 비난하는 분위를 만드는 것이다. 이때 부모의 말은 "아프다", "싫다"이지만 아이가 받는 느낌은 부모에게서 꾸중을 듣는 것과 같다. 부모의 말에 숨겨진 마음이 "너 탓이야, 네가 잘못했어"라고 아이를 나무라고 있기 때문에 바른 전달법이라고 할 수 없다.

부모가 갖게 되는 문제를 솔직하게 알려줌으로써, 아이에게 행동수정의 기회를 주게 되고 나아가 다른 사람을 이해하고 배려하는 방법을 배우게 할 수 있다.

아이의 잘못된 행동을 수정하는 것은 중요하다. 그러나 더 중요한 것은 아이의 자존감을 손상시키지 않고 부모와의 신뢰관계를 유지하는 것이다. 부모에게 사랑받고 존중받는다는 튼튼한 신뢰관계는 세상에 대한 신뢰로 발전하게 된다.

엄마 혼자 나갔다오마

편리함보다 신뢰를 쌓는 일이 더 중요하다

　아이와 잘 소통하는 방법을 알아보거나 찾아보지도 않고, 아직 어려서 말이 통하지 않는다고 생각하는 부모들이 있다. 그러니 아이가 커서 부모 말을 들을 때까지는 부모 편의대로 행동하는 것이 당연하다고 생각한다. 부모의 이러한 태도가 잘못되었음을 다음 사례에서 알 수 있다.

　두 돌 지난 셋째 지원이는 엄마를 무척 좋아한다. 엄마가 외출할 때마다 꼭 따라가려고 해서 문제다. 엄마는 지원이를 데리고 다닐 때도 있지만 그럴 수 없을 때도 많다. 엄마가 혼자 외출하면 소리를 지르고 시끄럽게 울어서 달래느라 혼이 나곤 한다. 그래서 언제부터인가 엄마는 지원이 몰래 숨어서 집을 나오거나 아이에게 거짓말을 하고 나오곤 했다. 그랬더니 요즘 와서 지원이는 더욱 엄마에게서 떨어지지 않으려고 엄마를 졸졸 따라다닌다. 경제적인 여유가 있는 지원이네는 상주하는 도우미 아줌마가 있다. 하지만 지원이는 아줌마에게 가지 않으려고 떼를 쓴다. 지원이 엄마는 그때그때 쉽게 해결하려고 아이에게 속이고 거짓말을 한 것이 잘못임을 깨닫게 되었다.

그 이후로 엄마는 방법을 바꾸기로 하고 지원이와 인격적인 대화를 했다. 아직 어린아이이지만 지원이를 한 사람의 인격체로 여기고 존중하는 마음으로 대화를 한 것이다. 그래서 엄마 혼자 외출할 계획이 있을 때는 외출하기 전에 미리 지원이에게 엄마가 나갈 것을 알려주었다.

"지원아, 엄마가 나중에 엄마 혼자 나갔다 와야 되거든. 지원이와 같이 갈 수 없는 데란다."

엄마 혼자 외출할 때는 숨어서 나가는 대신 당당하게 지원이에게 뽀뽀를 하면서 말했다.

"지원아, 나갔다가 빨리 올게", "지원이가 '안녕' 하면 엄마가 기분이 좋겠네", "우리 지원이 잘 놀고 있을 거지?", "엄마 볼일 잘 보고 올게" 등으로 말하자 비록 아쉬운 표정을 짓기는 해도 떼를 쓰고 엄마에게 매달리는 일이 많이 사라졌다. 그리고 지원이 엄마는 외출에서 돌아온 후 지원이에게 다음과 같이 말하기로 했다.

"우리 지원이 잘 놀았구나, 지원이가 집에서 잘 놀아서 엄마는 편안하게 다녀왔단다."

어린아이와도 의사소통은 충분히 잘할 수 있다. 의사소통은 언어보다 비언어적인 것으로 더 많이 이루어진다. 말을 못하는 유아도 부모의 분위기나 표정으로 많은 것을 감지한다. 눈을 맞추고 말하면 눈으로 감정이 전달되기 때문에 비언어적인 의사소통이 되는 것이다. 태교의 중요성도 태내의 아이와 비언어적인 의사소통이 이루어지기 때문에 강조되는 것이다. 존중하면 존중받는 것만큼 바람직한 행동을 할 수 있는 능력이 있는 것이다. 어리다고 함부로 대하지 말고 성실하게 그리고 아이를 존중하는 자세로 의사소통을 하여 상호 믿음을 키워가는 부모가 많아지면 좋겠다.

그 순간의 편의만 생각하고 아이에게 숨기거나 거짓말을 하는 것은 곤란하다. 가볍게 생각하고 한 행동이 신뢰를 깨는 큰 문제로 변할 수 있기 때문이다. 번거롭고 불편하더라도 정직하게 아이와의 대화를 시도할 필요가 있다. 신뢰를 쌓는 것은 무엇보다 중요하다. 한 번 깨진 신뢰는 회복하기 어렵다.

Chapter 2
초등 저학년을 위한 엄마 말 한마디

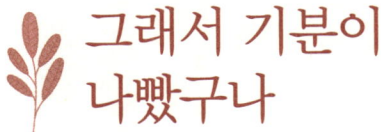

그래서 기분이 나빴구나

아이와 선생님 관계는 부모하기 나름이다

우리 아이가 학교에서 선생님과 잘 지내기를 바라는 것은 한결같은 부모의 마음이다. 그런데 부모의 뜻과 다르게 아이는 선생님에 대해 불평을 하고 불만스러워할 때가 있다.

초등학교 2학년인 진수는 학년 초 새 담임선생님에 대해 불평을 했다. 할아버지뻘인 선생님이 싫다고 학교에서 돌아오면 투정을 했다. 엄마는 아이를 달래고 선생님과 좋은 관계를 갖기 원하는 마음으로 선생님을 옹호하는 말들을 했다.

"선생님은 교육경험이 많으셔서 잘 가르쳐주실 거야."

"할아버지니까 너희를 손자처럼 예뻐해주시겠지."

"어쩌면 다른 반 애들이 부러워할 것 같은데."

하지만 아이는 시큰둥한 반응이었고 선생님에 대한 불만은 다음, 다음날도 계속되었다.

"엄마, 난 할아버지 선생님이 싫어요. 우리 선생님보다 옆 반 선생님이 더 좋아요."

엄마는 아이를 도와서 문제를 해결해야겠다는 마음으로 설득, 충고, 훈계하고 아이에게 위로와 칭찬을 했다.

"선생님과 잘 지내도록 노력해야지."
"좀 더 있으면 선생님이 좋아질 거야, 힘내자."
"선생님을 싫어하면 선생님도 너를 싫어하신단다."
"넌 착한 아이니까 잘할 수 있을 거야."

엄마가 할 수 있는 어떤 말도 아이 마음에 들지 않았고 아이는 여전히 불만스러워했다. 마침 그때 엄마는 부모역할교육을 받을 기회를 가졌고 자신이 잘한다고 생각했던 말들이 의사소통의 걸림돌이었음을 알게 되었다.

칭찬이나 위로하는 말조차도 아이 입장에서 공감하는 말이 아니고, 문제를 해결해주려고 하는 엄마의 입장에서 한 말이었다. 아이는 불만을 터놓고 말할 때 엄마에게 이해받고 수용받기를 원한다. 아이 입장에서 생각해보고 아이 마음을 있는 그대로 받아들이면 아이는 마음이 편안해져서 하고 싶은 말을 더 많이 하게 되므로 아이의 부정적인 감정이 사라지게 된다.

그 후 엄마는 걸림돌 대신 우선 잘 듣기를 실천했다. 아이 말 도중에 끼어들지 않고 끝까지 잘 들은 다음 공감하는 반응을 보였다.

"그랬구나."
"그런 점이 싫었구나."
"그래서 기분이 나빴구나."

아이 편을 들어서 선생님을 평가하거나 비난하는 실수를 저지르지 않으려고 애쓰면서 아이와 대화를 계속했다. 계속 불평을 하던 아이가 어느 날 달라졌다.

"엄마, 이제 우리 선생님이 좋아요."

"할아버지 선생님이 왜 좋은지 알았어요."

아이는 스스로 할아버지 선생님의 좋은 점을 찾게 된 것이다.

아이의 문제를 돕겠다고 부모들은 성급하게 해결사가 되려고 한다. 해결사가 되어서 선생님 편을 들면 이해받지 못한 아이는 마음속에 있는 말들을 터놓지 못하고 말문을 닫게 되므로 부정적인 감정이 해소되지 않는다. 또 다른 방법의 해결사는 아이 편을 들어서 선생님을 비판하고 비난한다. 그렇게 해서 아이에게 일시적인 위로는 줄 수 있겠지만 아이의 교육에는 더욱 나쁜 영향을 미친다. 선생님에 대한 존경심이 없으면 바른 교육이 될 리가 없기 때문이다.

해결사가 되고 싶은 마음을 자제하고 아이의 말을 잘 들어주어 문제가 명료해지도록 도와주면 아이 스스로 문제를 해결하는 힘을 키울 것이다.

선생님과의 좋은 관계 맺기는 부모하기 나름이다.

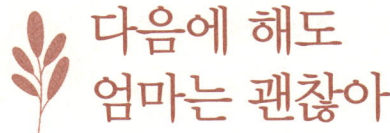
다음에 해도 엄마는 괜찮아
자신감을 키우면 문제해결이 쉬워진다

초등학교에 입학한 큰아이가 일주일이 지나면서 학교가 힘들다고 하더니 어느 날 학교에 가기 싫다고 짜증 내며 떼를 쓰기 시작했다. 여느 때 같으면 아이를 앉혀놓고 설득했을 것이다.

"서진아! 지금은 힘들지만 좀 지나면 괜찮아질 거야."

"다른 친구들도 모두 다 이겨내는 거니까 너도 좀 참아."

아니면 학교에 가고 싶지 않은 이유를 다그치듯 캐물었을 것이다.

"왜 그래? 무슨 일이야? 누가 널 괴롭히는 거야? 누가 그랬어?"

하지만 이렇게 말하는 것은 아이와의 의사소통에 걸림돌이 된다는 것을 배웠기에 참을 수 있었다. 그래서 아이에게 "우리 서진이 학교 가기 싫어? 그랬구나!"라고 아이 마음을 읽어주었다. 그랬더니 아이는 얼른 엄마에게 다가와 안겼다. 평소에도 엄마 품에 안기는 것을 좋아하는 아이였지만 어릴 적엔 동생 때문에, 커서는 너무 무겁다는 이유로 제대로 안아주지 않았다. 그동안 못해준 것이 미안해서 그날은 마음먹고 아이가 원하는 대로 한 시간 동안 안아주었다.

"엄마가 서진이 안아주니까 좋아?"

"응."

"서진이가 슬플 때, 힘들 때 엄마가 많이 안아줄게."

"응."

아이의 대답은 짧았지만 표정에서 이미 짜증은 사라지고 없었다. 엄마 무릎에 누워 있던 아이가 갑자기 일어나더니 엄마 얼굴을 쳐다보고 울음을 터뜨렸다.

"엄마! 고마워."

갑작스러운 아이의 울음에 엄마는 당황스러웠지만 아이의 마음을 알 수 있었기에 저절로 눈물이 나왔다. 그리고 한참 후 엄마의 마음을 전했다.

"우리 서진이 학교에서 힘든 일이나 속상한 일이 있었으면 엄마도 알고 싶어."

그때부터 아이는 학교에서 힘들었던 일을 술술 이야기했다.

"엄마 수업시간은 엄청 길고요, 쉬는 시간은 엄청 빨라요."

"그랬구나! 수업시간은 길고, 쉬는 시간은 너무 짧아서 아쉬웠나 보네."

"그리고 방과 후 수업, 신청한 중국어는 너무 어려울 것 같아 무서워요."

"중국어 때문에도 걱정했구나."

아이가 어렸을 때 직장에 다니느라 많이 보살피지 못하고 잘못만 빨리 고쳐주려고 애썼는데 그럴수록 아이는 엄마 눈치만 보는 수동적인 아이가 되어 엄마도 점점 지쳤다. 아이는 착하지만 마음이 여렸고 자기 생각이나 감정을 말로 표현하는 것을 힘들어 했다. 그런 아이의 성향을 알고 있었기 때문에 아이 마음을 안정시키는 것이 중요하고 중국어를 배우는 것은 중요하지 않다고 생각했다.

"서진아! 중국어 다음에 해도 엄마는 괜찮아."

"정말?"

"응, 그럼. 정말."

"야호!"

그리고 또 한참 후 아이는 엄마 마음을 무겁게 하는 이야기를 했다.

"엄마! 사실 우리 반 경수가 나보고 바보라고 했어. 그래서 학교 가기 싫어."

"서진이 많이 속상했겠다. 엄마한테 말해줘서 고마워."

그날 밤 엄마는 잠을 설치면서 아이를 도와줄 구체적인 방법을 생각했고 다음날 선생님을 만났다.

"서진이가 친구에게서 바보라고 놀림을 당했다고 해요. 그래서 학교 가기 싫다고 하네요."

이렇게 대화를 시작했고 선생님의 이야기를 듣고 나니 한결 가벼워진 마음으로 집에 돌아올 수 있었다. 선생님은 그 아이가 서진이뿐 아니라 다른 아이들에게도 그런 말을 해서 계속 주의를 주면서 지켜보고 있고, 서진이에게 특별한 의도는 없다고 했다.

엄마는 집에 와서 아이와 다시 대화를 시도했다.

"서진아! 경수가 너한테만 그렇게 말하니?"

"아니, 엄마 걘 다른 애들한테도 막 바보 똥개라고 놀려."

"우리 서진이는 숙제도 열심히 하고 피아노 연습도 잘하는데, 바보 아니지?"

"응, 걘 숙제도 안 해오고 준비물도 안 가져와."

"그랬어?"

"엄마, 걔가 바보라고 놀리면 난 바보 아니라고 그럴게. 그러면 걔가 더 이상 놀리지 못할 거야."

그 후로 아이는 학교에 가기 싫다는 말을 하지 않았고 놀리는 아이에게 대처하는 나름의 방법을 동생에게 가르쳐주기도 했다.

"바보라고 놀리는 사람이 진짜 바보야! 그럴 땐 '반사!'라고 하면 돼."

 잘못한 것을 솔직히 말했으니 괜찮아

아이의 거짓말에 어떻게 대처할 것인가?

거짓말에는 여러 종류가 있다. 속이기 위한 거짓말, 선의의 거짓말, 피치 못할 거짓말, 전혀 근거가 없는 새빨간 거짓말 등.

한 통계에 의하면 남자는 하루 평균 5번, 여자는 3번의 거짓말을 한다고 한다. 어른도, 아이도 거짓말을 하면서 살지만 아이의 거짓말에 대처하는 부모의 태도는 다양하다.

부모 중에는 거짓말을 하면 절대로 안 된다고 생각하고 거짓말의 싹을 아예 잘라내고 뿌리를 뽑아야 한다고 말하는 사람이 있다. '바늘 도둑이 소도둑이 된다'는 속담을 신봉하면서 아이가 거짓말을 했다고 생각하면 끝까지 추궁해서 밝혀내고 가혹한 벌을 씌우기도 한다. 심지어 혼내고 야단치는 것도 모자라 버릇을 고치겠다고 경찰에 데려가 겁을 주는 부모도 있다. 그러면 아이는 들켰을 때의 가혹한 벌을 피하려고 더욱 철저하게 숨기려고 하거나 공포와 죄책감에 짓눌려서 자존감을 상실하고 부정적인 자아상을 갖게 될 수도 있다. 그렇다고 아이의 거짓말을 무조건 허용하면서 나이 들면 깨닫게 될 것이라고 방치해서도 곤란하다.

  아이의 거짓말에 대처하는 부모의 적절하고 신중한 태도는 중요하다. 어른 기준으로 성급하게 평가하지 말고 아이의 입장에서 생각할 수 있는 여유를 가져야 한다. 아이들은 상상의 세계나 희망사항을 거짓말이라는 생각 없이 실제처럼 얘기하기도 한다. 도덕적인 가치관이 성장하면서 차츰 형성되기 때문에 어릴 때는 잘잘못이나 거짓말에 대한 기준이 분명하지 않다. 그래서 어른의 잣대로 거짓말을 재고 나쁜 아이라고 몰아세우고 혼내면 곤란하다. 아이와 눈높이를 맞춰 얘기를 들어주고 염려되는 점은 알아듣게 말해주면 된다.

  아이의 거짓말에 바람직하게 대처한 한 엄마의 사례를 보자. 초등학교 3학년인 아들 진우가 친구들과 함께 동네 마트에서 과자, 껌 등을 주인 몰래 훔쳐온 것을 엄마는 나중에 알게 되었다. 아이는 친구가 사줬다고 거짓말을 했는데 그 친구는 진우가 사줬다고 했다. 엄마는 아이와 대화를 하기로 마음먹고 겁을 주거나 추궁하지 않고 솔직하게 말할 수 있도록 편안한 분위기를 만들었다.

"진우야, 엄마가 진우 얘기를 듣고 싶은 게 있어."

"무슨 얘기예요?"

"진우가 숨기지 말고 솔직하게 말해주면 좋겠어."

"뭔데요?"

"전에 과자랑 초콜릿 친구가 사줬다고 했지? 엄마가 물어봤더니 아니라고 하더라."

"……."
"네 친구 지민이는 너한테서 얻었다고 하던데."
"말하면 안 돼요. 엄마한테 얘기 안 하기로 약속했거든요."
"친구랑 약속해서 말하기 곤란하구나."
"……."
"엄마는 진우가 솔직하게 얘기하면 곤란하지 않게 할 수 있어. 진우가 엄마 믿고 말하면 무슨 얘기든 엄마도 진우 믿을게."

그러자 아이는 그동안에 있었던 일을 솔직하게 터놓고 말했다. 주인이 안 볼 때 친구랑 같이 과자와 껌을 갖고 나왔는데 들키지 않았고 그 후 재미있어서 두 번 더 주인 몰래 훔쳤다고 했다.

엄마는 아이와 해결책을 의논했다. 아이를 도둑으로 몰아세우거나 죄책감에 빠지지 않도록 주의하면서 주인 몰래 과자를 갖고 온 것은 잘못된 행동임을 깨닫도록 얘기했다.

엄마는 먼저 마트 주인을 만나 사정을 얘기하고 도움을 부탁했더니 다행히 가까이 지내온 주인은 엄마 말을 믿어주었고 엄마의 부탁을 받아들였다. 엄마는 아이를 데리고 마트에 가서 몰래 갖고 온 과자 값을 치르고 주인은 아이의 잘못을 용서해주었다.

"진우는 잘못한 것을 솔직히 말했기 때문에 괜찮아. 진우가 말해서 과자 값 받았으니까 아줌마도 고마워."

"우리 진우 잘못한 거 너그럽게 용서해주셔서 정말 고맙습니다."

엄마는 아이 앞에서 마트 주인에게 충분히 고마움을 표시했다.

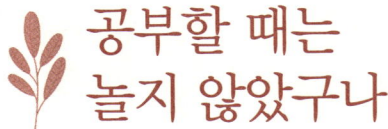
공부할 때는 놀지 않았구나

아이와의 대화, 작은 변화가 중요하다

초등학교 2학년 아들은 친구들과 어울려 놀기를 참 좋아한다. 틈만 나면 밖으로 나가고 놀다 보면 시간 가는 줄을 모른다. 일이 있을 때마다 엄마는 수시로 아이를 찾아다니곤 한다.

한시도 집에 붙어 있지 않는 아이가 너무한다 싶어서 하루는 놀다 들어온 아이에게 말했다.

"준아, 어쩜 넌 그렇게 놀기만 좋아하니?"

"엄마, 내가 놀기만 좋아한다고요?"

아이는 '놀기만'을 강조해서 항의하듯이 되물었다. 그 말이 걸렸나 싶었지만 엄마는 틀린 말이 아니란 생각이 들어서 말했다.

"맞잖아, 너처럼 잘 놀고 다니는 아이가 어딨니?"

"엄마, 잘 노는 것은 맞아요. 그런데 놀기만 한다는 말은 틀렸거든요."

"왜 아니라고 생각해?"

"엄마, 학교에서 수업시간에 선생님 설명 얼마나 열심히 듣는지 아세요? 공부시간에는 놀지 않거든요. 그런데 엄마는 왜 놀기만 한다고 하세요?"

아이 말을 듣고 보니 그렇게 생각할 수 있겠다 싶고 계속 말씨름할 필요도 없겠다 싶어서 엄마는 아이를 인정해주었다.

"그래, 알았어. 공부할 때는 놀지 않는다는 말이지?"

"그렇죠. 놀기만 하는 건 아니라고요."

자기주장을 확실하게 하는 아이가 대견하기도 했지만 아이와의 대화가 쉽지 않다는 생각에 조금은 착잡하기도 했다.

위와 비슷한 사례가 있다. 초등학교의 복도에서 1학년 아이가 신발 뒤축을 구겨 신고 있는 것을 본 선생님이 말했다.

"얘야, 신발을 항상 그렇게 신고 다니니? 똑바로 신어야지"라고 아이에게 주의를 시켰는데, 몇 시간 후 아이가 선생님을 찾아왔다.

"선생님, 아까 못한 말이 있어요."

"그래, 무슨 말이야?"

"선생님, 오늘은 발뒤꿈치가 아파서 그렇게 신발을 신었거든요. 그런데 선생님이 항상 그렇게 신는다고 하셨어요. 선생님이 오해하신 것 같아서요. 그래서 말씀드리려고 왔어요."

"그랬구나. 항상 그렇게 신지는 않았는데 오해받은 게 싫었어?"

"네."

아이 입장에서 생각해본 선생님은 자신의 말에 문제가 있었다고 인정했다.

위 두 사례에서, 아이들은 자기표현을 당당하게 했고 어른들은 아이의 눈높이에서 생각하고 자신의 실수를 인정했다. 만일 권위주의적 어른이었다면 아이들을 당당하게 보지 않고 당돌하고 버릇없는 행동이라고 생각했을 수 있다. 어른이 당당한 아이로 보면 아이는 당당하게 크고, 어른이 당돌한 아이로 보면 아이는 당돌한 아이로 큰다. 당당하게 보느냐, 당돌하게 보느냐는 어른의 선택이다. 아이의 감정은 섬세하고 민감해서 상대방이 자신에 대해 어떻게 생각하고 느끼는가를 금방 알아차린다.

위 두 사례에서 짚어봐야 할 중요한 부분이 또 있다. 엄마와 선생님이 스스로 인정한 실수 '~만, 항상'은 어른들이 흔히 쓰는 말이다. '또, 늘, 자꾸, 언제든지, 계속, 맨날, 할 때마다' 등의 빈도부사도 이에 해당한다. 빈도부사를 쓰는 것은 아이에 대한 못 믿는 마음을 심어주기 때문에, 아이는 비난받는 느낌이 들 수 있다. 따라서 아이는 행동을 고치고 싶은 마음보다 믿어주지 않고 비난하는 어른을 원망하는 마음을 갖게 될 수 있다.

아이와의 좋은 관계를 유지하고 아이의 잘못된 행동을 고치기 위해서는 지금, 여기('here and now'의 원칙)에서 한 행동을 주관적인 판단을 개입시키지 말고 객관적 사실만 얘기하는 것이 중요하다. 그러면 아이도 자신의 잘못을 인정하게 되고 행동을 고치려는 마음이 자연스럽게 생길 수 있다.

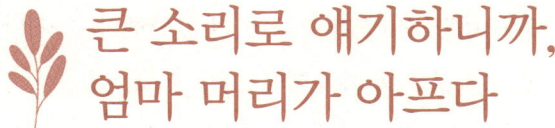
큰 소리로 얘기하니까, 엄마 머리가 아프다

'너-전달법'과 '나-전달법'의 차이

다음은 초등학교 3학년, 1학년 두 아이를 둔 한 엄마의 사례다.

〈사례 1〉

한낮 기온이 33도로 폭염주의보가 내린 날이었다. 그런 날씨에 체험학습으로 옹기를 노천소성 하는 곳에 다녀왔다. 흙으로 만든 그릇을 가마에 굽는 것이 아니라 노천에서 나뭇가지에 불을 지펴 그 사이사이에 옹기를 놓고 굽는 것이다. 33도의 날씨에 그 장작불의 열기가 대단했다. 옹기를 다 굽고 난 뒤 뜨겁게 구워진 옹기를 찬물에 넣어서 식히는 과정이 남아 있었다.

그런데 사람들이 있는 곳에서 2~3미터 정도 떨어진 데서 타고 남은 장작더미를 남자 아이들 3명이서 기다란 나뭇가지들로 쑤셔대기 시작했다. 남아 있던 뜨거운 열기와 타다 남은 검정 재들이 함께 섞여서 사람들이 모여 있는 곳으로 날아왔다.

어른들은 "얘들아, 하지 마", "저리 가서 놀아"라고 말했다. 하지만 아이들은 잠깐 멈추는 듯하다가도 곧 계속했다.

그때, 나는 "얘들아, 잿더미를 쑤시니까 뜨거운 열기랑 재가 이쪽으로 날아와서 우리가 괴로워"라고 말했다. 그랬더니 너무 신기하게도 그 전에 많은 어른들이 "하지 마"라고 했을 때와는 다르게 그 행동을 단박에 그만두는 것이 아닌가.

조금 전까지만 해도 아이들은 행동을 제지하는 말을 들었을 때 멈추는 듯하더니 계속하고 나중에는 아랑곳하지 않았는데 내가 그렇게 말한 이후로 곧 나뭇가지를 잿더미 속으로 던져 넣고 그 행동을 그만두고 다른 데로 가서 놀았다.

〈사례 2〉

서울역에서 KTX를 타고 부산에 도착 후 택시를 탔다. 친정은 부산 광안리인데 저녁시간에다 휴가 기간이어서 차가 많이 막혔다.

아이들은 애타게 기다렸던 터라 기다림에 한계를 드러내며 택시 안에서 계속 "아, 왜 이렇게 막히지?"부터 시작해서 "아, 빨리 할머니 집에 가고 싶다" 등등 보채는 말, 교통사정을 탓하는 말, 중간중간 둘이서 말다툼도 했다. 아이들이 흥분된 상태라서 목소리는 엄청 커져 있었다. 에어컨을 틀어놓은 택시 안은 창문이 꽉 닫혀 있어서 아이들 소리가 점점 귀를 울리고 나중에는 머리가 울리고 아플 지경이었다.

엄마는 계속 "승우야, 좀 조용히 해라", "진우야, 작은 목소리로 얘기해라", "곧 도착하니 조금만 조용히 좀 해줘" 등을 얘기하다가 아무 효과가 없어서 '나-전달법'으로 얘기해야겠다는 생각이 들었다.

그래서 '나-전달법'으로 말한다면서 마무리를 '너-전달법'인 명령, 충고로 하고 말았다. 역시 아이들은 행동에 변화가 없고 계속 떠들면서 싸우기도 했다.

그러다가 '나-전달법'을 다듬어야겠다는 생각이 들었다. 그래서 "얘들아, 창문이 닫혀 있는 공간에서 너희가 크게 얘기하니까 엄마가 귀도 울리고 머리가 너무 아프네"라고 말했더니 아이들이 "알았어요, 엄마"라고 말하는 것 아닌가. 그때부터 뚝 그치고 조용히 창밖만 쳐다보면서 광안리 친정집에 갔다.

'아 다르고 어 다르다'는 말이 있다. 일상생활에서 무심코 던지는 말이지만 미묘한 차이로 감정이 상하기도 하고 마음이 편해지기도 한다. 아이의 행동이 마땅찮게 느껴질 때 그 행동을 수정하기 위해서 부모는 '너-전달법' 또는 '나-전달법'으로 말하게 된다. 그 차이를 간단히 설명한다면, '너-전달법'은 말의 주어가 '너'인 메시지이고 '나-전달법'은 말의 주어가 '나'인 메시지이다. 흔히 '아이 메시지(I message)', '유 메시지(You message)'라고도 한다.

'너-전달법'은 수직적인 상하관계에서 명령, 지시, 훈계, 설득, 캐묻기 등으로 말하기 때문에 듣는 사람 입장에서 존중받는 느낌이 들지 않는다. 따라서 자발적으로 행동을 수정하고 싶은 마음이 생기지 않고 반발할 수도 있다. 반면 '나-전달법'은 수평적, 인격적으로 동등한 관계에서 '너'를 탓하지 않고 '나'에게 문제가 생겼음을 알리고 호소하는 방법으로써 나의 감정과 나에게 생긴 어려움을 말하는 것이다.

그러면 듣는 사람은 자연스레 자신의 행동을 돌아보게 되고 자발적으로 행동수정을 하게 된다.

위의 두 사례에서 '너-전달법'보다 '나-전달법'이, 또 제대로 된 '나-전달법'이 행동수정에 효과적임을 보여주고 있다.

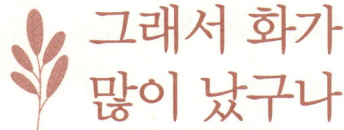
그래서 화가 많이 났구나

마음을 읽어주는 것만으로 행동을 고칠 수도 있다

11살, 9살 두 남매는 평상시에도 토닥토닥 자주 싸우는 편이다.
"서현아, 내일 장터에서 우리 같이 만화책이랑 물건 팔자. 응?"
"난 안 팔 거야. 누나 혼자 팔아."
"그러지 말고 같이 팔자. 팔면 쿠폰도 벌 수 있어!"
"싫다니까……."

아이들 방에서 같이 팔자 안 판다 하면서 옥신각신하더니 결국 누군가가 맞은 소리가 났다. 이윽고 "아야!" 하면서 딸의 울음이 빵 하고 터졌다. 곧이어 아들이 씩씩거리며 방에서 나와 쿵쿵거리며 한껏 화가 났다는 표현을 하고 다른 방으로 가버렸다. 딸은 이불에 누워 10분 동안을 대성통곡하기 시작했다.

평상시 이런 상황이 벌어졌을 때 엄마는 두 아이가 스스로 해결하라고 그냥 내버려두다가 결국 판사가 되어서 잘잘못을 가리는 방법으로 해결을 하곤 하였다. 그런데 이번에는 어떡할까 하다가 부모역할교육에서 배운 대로 '반영적 경청(反映的 傾聽)'으로 딸의 마음을 위로해줘야겠다는 생각이 들어서 딸아이에게로 갔다.

"수현이가 크게 우는 걸 보니까 많이 속상했나 보다."(안아주면서)

"엉엉엉."(더 크게 운다)

"수현이는 체육관 장터에서 물건을 팔고 싶은데 서현이가 같이 안 판다고 해서 많이 속상했지?"

"아니, 서현이가 날 발로 찼단 말이야. 엉엉."

"서현이가 발로 차서 더 속상했겠다. 아프기도 하고."

우는 딸을 안아주고 토닥여주었다. 수현이가 점점 울음을 그치며 마음이 풀리는 것이 보였다.

"근데 수현아, 서현이는 물건 팔기 싫다고 했는데 같이 팔자고 서진이가 여러 번 이야기하는 것 같던데? 여러 번 이야기할 정도로 그렇게 물건을 팔고 싶었어?"

"응."

"진짜 물건을 팔고 싶었구나. 그럼 엄마가 수현이 도와주고 싶은데 어떻게 도와줄까?"

마음이 차츰 풀리는 딸과 이야기를 나누고 있는 사이에 앗! 씩씩거리며 아들이 방에 들어오는 것이 아닌가······. 마치 왜 누나만 위로해주느냐고 항의라도 하듯이 쿵쾅거리며 들어와 내 옆에 누워서 말은 안 하고 씩씩거리며 자기도 화가 났으니 봐달라고 온몸으로 이야기하고 있었다. 순간 너무 당황스러웠다. 갈등의 두 당사자가 함께 있으니 어떻게 해야 할지 당황스러워 한동안 침묵하게 되었다. 하지만 조금 생각해보니 어차피 둘 다 상황을 알고 있고 각자의 마음을 읽어주어도 될 것 같아 마음이 누그러진 딸을 놔두고 아들을 바라보며 이야기를 건넸다.

"서현이는 물건 팔고 싶지 않았는데 누나가 계속 팔자고 하니까 기분이 별로 안 좋았겠다."

"내가 계속 안 판다고 했는데 자꾸 팔자고 그러잖아, 화나게……."

"그래서 화가 많이 났구나" 하며 아들을 안아주고 토닥여주었다.

두 아이들에게 반영적 경청으로 말을 건넨 후 평소 같았으면 아무리 화가 났어도 누나를 때리는 건 잘못된 일이라며 잘잘못을 가려주었을 텐데 오늘은 꾹 참고 반영적 경청만 했다.

그런데 조용히 아들과의 대화를 듣고 있던 딸이 이야기를 하기 시작했다. 이미 울음은 그쳤고 아까 벌어진 속상했던 일과는 전혀 상관없는 일이었다. 수현이는 학교에서 있었던 일을 조잘조잘 이야기했다. 평소 말수가 적었던 딸이기에 엄마가 먼저 묻기도 전에 스스로 이야기를 시작하는 딸이 신기하기도 하고 재미있기도 하였다. 주거니 받거니 이야기를 나누다가 딸이 엄마에게 한마디를 던진다.

"엄마, 내일 아침에 나 일찍 일어나서 옷 갈아입고 학습지 숙제도 다 풀어놓을 거예요. 기대하세요."

그저 아이 마음만 읽어주었을 뿐인데 아이의 속상했던 마음은 저 멀리 사라지고 엄마를 기쁘게 해주려고 기특한 결심까지 하는 딸을 보면서 마음을 읽어준다는 것이 얼마나 큰 힘이 되는지 경험하게 되었다. 또한 싸움을 한 두 아이를 함께 두고 당황은 했지만 두 아이 모두에게 반영적 경청을 해주었을 때 두 아이 다 마음이 풀리면서 다시 사이좋은 남매로 돌아오는 모습을 보았고 굳이 내가 잘잘못을 가르쳐 주지 않아도 아이들 스스로가 다 알고 있으며 마음을 읽어주는 것만으로도 아이들은 스스로 고쳐나갈 수 있다는 것을 알게 되었다.

위 사례는 부모역할교육 기본과정 24시간을 끝내고 추가과정을 막 시작한 엄마의 변화된 모습에 대한 기록이다.

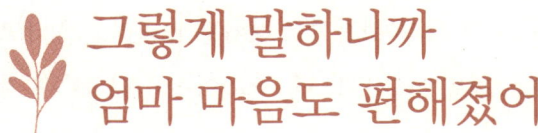
그렇게 말하니까
엄마 마음도 편해졌어
엄하고 무서운 훈육만이 정답은 아니다

　부모노릇을 하면서 때로는 아이의 황당한 행동에 어떻게 대처해야 할지 난감한 경우가 있다. 다음의 사례는 착하고 반듯한 아이로 키우기 위해 엄격하게 훈육을 해왔던 한 엄마가 부모역할교육을 받기 시작한 지 7개월이 되면서 경험한 성공사례이다.
　초등학교 3학년인 딸이 새 학기가 시작되고 자신과 맞지 않는 친구 때문에 힘들어 했다. 학교에서 돌아오기만 하면 한 시간씩이나 그 아이 얘기를 했다. 얄미웠던 일, 속상했던 일, 힘들었던 일에 대해서 계속 투덜투덜했다. 아이 친구와의 문제는 이미 몇 번 경험한 터라 부모역할교육에서 공부한 대로 아이 말을 잘 듣고 아이 마음을 읽어주었다. 그렇게 아이의 속상한 마음을 읽어주고 받아주면서 시간이 지나면 해결되리라 믿었다.
　그런데 하루는 학교에서 돌아온 아이가 머뭇머뭇하더니 어이없는 고백을 했다. 그날도 친구가 약 올리고 괴롭혀서 참기 어려웠고 너무 화가 나서 친구의 운동화 한 짝을 화장실 쓰레기통에 버리고 왔다고 했다. 너무 놀랍고 당황스러워 아무 말도 못 하고 아이를 멍하니 지켜보고 있을 수밖에 없었다. 내 아이가 할 것이라고는 예상할 수 없었던 나쁜 짓을 한 것이었다. 놀랍고 떨리는 마음을 진정시키고 차분히 대처할 방법을 생각했다.

아이가 자신의 잘못된 행동을 감추지 않고 솔직히 말해준 것만도 다행이고 고마운 일이라고 생각했다. 아이의 친구가 집에는 어떻게 갔을지, 혹시 학교에서 그 때문에 말썽이 생긴 건 아닐지, 머리가 복잡해지고 두려운 마음이 들면서 걱정도 되었다. 그래도 우선 아이의 마음을 읽어줄 여유를 찾았다.

"네가 정말 마음이 상했구나, 화가 많이 났나 보다. 친구 신발을 그렇게 버리고 싶을 만큼."

"네, 엄마. 너무 화가 났어요. 걔는 정말 약았거든요. 남들 모르게 계속 나를 괴롭히며 선생님 모르게 나를 화나게 해요."

"그랬구나. 신발을 그렇게 버리고 나니 기분이 어땠어? 풀렸어?"

"나쁜 짓이지만…… 솔직히 마음이 시원했어요."

"그런데 그 애는 집에 어떻게 갔을까? 엄마는 걱정이 되는데…… 그애 엄마가 알면 어떻게 생각할까? 네가 같은 일을 당했다면 엄마는 가만히 안 있을 것 같은데."

엄마 말을 듣고 있던 아이의 표정이 어둡게 바뀌더니 "엄마, 지금 학교 가서 친구에게 미안하다고 말할게요"라고 했다.

"이미 늦었으니까 저녁에 아빠 오시면 함께 의논해보자꾸나."

그리고 남편과 의논한 결과 선생님께 말씀드리기로 했다. 그냥 덮고 넘어가는 것은 아이 교육에 바람직하지 않았다. 비겁하게 숨겨서 아이가 죄책감을 갖게 하는 것보다, 꾸중과 질책으로 혹시 상처를 받을지라도 문제에 직면하는 것이 옳다는 생각을 했다.

다음 날 아침, 선생님께 혼날 것을 두려워하는 아이를 설득해서 학교에 함께 갔다. 그런 후 선생님께 자초지종을 솔직하게 말씀드렸다. 아이가 속상했던 일, 신발을 버린 것, 엄마의 염려까지……. 아이를 위해 아이의 잘못을 말씀드리고 선생님께 도움을 요청했다. 그런데 선생님은 오히려 믿고 솔직하게 얘기해줘서 고맙다고 하시면서 난감한 마음을 안심시켜주셨다. 그리고 아이들이 아직 어려서 뒷일을 생각 못하고 이런 실수를 저지른다고 하셨다. 아이 친구의 신발은 선생님이 잘 돌려주고 아이들은 타일러서 지도하겠다고 하셨다. 선생님께 고마운 마음을 전하고 편안하게 돌아올 수 있었다.

학교에서 돌아온 아이는 선생님과 이야기했고 자신의 잘못을 말씀드렸다고 했다.

"엄마! 선생님이 내가 속상한 거 다 이해하신대요. 그래도 다음에 또 이런 잘못을 하면 그땐 선생님이 도와줄 수 없대요."

"그랬어? 지금 네 맘은 어때?"

"엄마! 마음이 정말 가벼워졌어요. 이젠 그런 행동 안 할 거예요."

"그래! 고마워. 우리 딸이 그렇게 말하니까 엄마 맘도 편해졌어."

다시 생각해도 참 다행스러웠다. 큰 잘못이라고 해서 꼭 엄하고 무서운 훈육만이 정답이 아니라는 걸 알게 됐으니까.

엄마가 용기를 주었다니 기쁘네

아이들 마음이 때로는 어른보다 낫다

초등학교 1학년과 7살 된 형제 민서, 준서의 엄마가 3개월째 좋은 엄마가 되기 위한 공부를 하면서 노력하는 모습을 보여주는 이야기다.

큰아이의 숙제나 공부할 것을 엄마가 먼저 챙기고 채근하지 않으려고 했더니, 어제저녁에는 "이번 받아쓰기는 좀 어려워요. 꼭 해봐야 해요"라고 하면서 스스로 숙제도 해야 되고 받아쓰기도, 일기도 써야 한다고 먼저 챙겼다. 아이 말을 들으면서 엄마는 아이가 기특하고 대견한 생각이 들었다. 그런데 숙제를 시작하기 전에 동생이 사온 레고를 보자 "레고 조립부터 할래요"라고 하더니 조립에 몰입했고 한참을 씨름하더니 너무 어렵다고 하면서 완성하지 못한 채 포기했다.

그리고 피곤한 상태로 일기장에 겨우 날짜만 쓰더니 "너무 힘들어요", "하기 싫어요", "내일 할게요"를 연발했다. 아이를 지켜보면서 참고 기다린 엄마는 속상해서 한마디 할 수밖에 없었다.

"엄마는 믿고 기다렸는데 그냥 자면 어떡해?"

"그래도 할 수 없어요."

아이는 숙제를 팽개치고 잠자리에 들었다.

형의 레고 완성을 애타게 기다리고 있던 작은아이는 짜증을 내고 울면서 말했다.

"난 만드는 거 싫어. 갖고 놀고 싶어. 형아가 해준다고 했는데, 그럼 어떡해요?"

감기 든 아이는 눈물, 콧물이 범벅이 되어 엉엉 울고 있었다. 엄마는 인내하는 마음으로 아이에게 말했다.

"준서는 완성된 거 갖고 놀고 싶었구나."

"그럼 엄마가 만들어주세요."

엄마 옆에서 돕겠다던 아이는 몰려오는 잠을 이기지 못한 채 금방 눈이 스르륵 감기더니 곧 바로 잠이 들었다.

조금 전에 있었던 일들을 다 잊어버린 듯이 평화롭게 잠자는 아이들의 모습을 보면서 엄마는 레고를 조립하기 시작했다. 엄청 신경 쓰였고 유난히 복잡하고 어려웠다. 어른에게도 힘든 걸, 맞추느라 머리가 아팠을 큰아이와 완성되기를 애타게 기다렸던 작은아이를 위해서 엄마는 열심히 만들었다. 좋아하는 음악을 들으면서 일찍 자고 싶었던 자신의 욕구는 접어둔 채 수행하는 기분으로 레고를 완성했다.

오늘 아침 큰아이는 일찍 일어나서 숙제를 마치고 받아쓰기도 스스로 하고, 어제, 날짜만 적어둔 일기를 쓰면서 엄마에게 물었다.

"어제 저녁 엄마가 날 못 믿는댔잖아요. 지금도 그래요?"

"우리 민서, 어제저녁에 서운했구나."

"네. 엄마는 나 믿어주다가 안 믿다가 그러잖아요."

"엄마가 너를 믿는 마음은 계속 있었어. 못 믿겠단 말은 취소, 취소 할게. 밤에 엄마가 레고를 조립해보니 엄청 힘들더라. 레고 조립한 다음에 숙제하는 건 어려웠을 거야. 엄마가 해보니까 알겠어."

엄마는 아이를 안아주었다.

"엄마한테 뭘 주고 싶어요."

"뭔데?"

"500원이에요."

"왜?"

"날 믿어줘서 고마우니까요."

"아! 그래."

"엄마가 나한테 용기를 줬으니 500원 드릴게요."

"고마워라! 엄마가 용기를 주었다니 기쁘네."

옆에서 지켜보고 있던 작은아이가 질 세라 한마디 한다.

"나도 엄마한테 내 용돈을 드릴게요."

얼마 전 친척에게서 받은 돈을 내밀었다. 엄마는 두 아이의 돈을 다 받았다. 벅찬 감동도 함께 받았다. 아이들 마음이 어른보다 오히려 크다는 생각이 들었다.

엄마를 괜찮은 사람이라고 느끼게 해주는 아이들. 엄마를 키우는 아이들.

조건 없는 사랑은 아이들에게서 비롯된다.

와! 이거 새콤달콤 맛있네

목표에 도달하는 방법이 한 가지만 있는 것이 아니다

우리 집에서는 아침 식전에 사과를 껍질째 먹는다. 8세 아들은 과일을 워낙 좋아하는 데다가 평소에도 골고루 먹는 좋은 식습관을 가졌지만, 4세 딸은 채소나 과일보다는 고기나 빵을 너무 좋아하고 고집도 센 편이라서 자신이 먹기 싫으면 안 먹고 엄마를 힘들게 한다. '식전 사과'는 아들보다는 딸을 위한 특단의 조치였다. 딸은 아침마다 밥 먹기 전에 사과 한 쪽을 들고 시간을 끌다가 정작 밥 먹을 시간도 없이 촉박해졌을 때 엄마의 다그침으로 겨우겨우 힘들게 먹곤 했다. 평소에도 턱없이 모자란 채소 섭취량도 걱정되고, 어릴 때부터 좋은 식습관을 가르쳐줘야겠다는 생각에, 그렇게 한 달을 모질게 먹이며 힘든 아침을 시작했다.

그러다가 부모교육수업을 받으면서 방법에 문제가 있다는 것을 깨닫고 바꾸기로 했다.

'그래! 사과 하나 안 먹는다고 큰일 나지 않아? 아침부터 억지로 강요해서 기분 나쁘게 하지 말자. 아이와의 좋은 관계를 유지하는 것은 무엇보다 중요하니까 아이를 존중하는 마음으로 대화를 시작하자.'

다음 날 아침에는 아이의 눈높이에 맞추고 마음을 읽어주는 말을 했다.

"사과 먹는 게 싫구나."

"네. 너무 많아요."

"그러니?"

"네."

"그럼 이렇게 베이비, 리틀, 귀여운, 아기 사과로 만들어볼까요? 자, 변신!" 하며, 엄마 나름의 애교를 섞어 혀 짧은 소리를 내며 사과 한 쪽을 8등분으로 잘게 썰었다. 그러고는 먹으라고 하는 대신, "아 너무 귀여운 우리 아기 사과들이네. 엄마가 하나 먹어야겠다" 하며, 하나를 입에 물고는 맛있게 먹었다.

"와! 이거 새콤달콤 아주 맛있네!"

살짝 눈치를 보니, 아이가 사과를 먹고 싶어 하는 게 보였다. 그래서 아이한테도 하나를 꼭 집어 줬더니 거부감 없이 새로운 듯 먹었다. 더 이상의 욕심을 내선 안 되겠다 싶어서 포크를 내려놓고 돌아서서 주방을 정리하고 다시 보니 8조각의 사과는 보이지 않았고, 엄마 것으로 남겨 두었던 큰 조각을 입에 넣고 있는 딸아이가 보였다. 코끝이 찡해졌다. 이렇게 쉬운 발상의 전환을 한 달씩이나 못했다니!

엄마는 아이에게 균형 잡힌 영양을 제공하고 싶고 골고루 먹는 좋은 식습관을 가르치고 싶다. 건강한 아이로 성장하기를 바라기 때문이다. 물론 내 아이를 위해서 또 좋은 엄마가 되기 위해서다. 이렇게 좋은 목표를 새우면 반드시 목표를 달성하고 싶어진다. 그런데 엄마의 훌륭한 목표를 아이가 이해하고 따라준다면 얼마나 좋을까? 아이가 따르지 않는다고 쉽게 포기하거나 목표를 수정할 수는 없다. 결국은 힘으로 밀고 나갈 수밖에.

여기서 잠깐! 좋은 목표를 수정하고 싶지 않으면 목표에 이르는 방법을 수정하면 된다. 힘으로만 밀고 나가는 관계는 갈수록 어긋날 뿐이니까.

목표에 도달하는 방법은 한 가지만 있는 게 아니다. 엄마가 결정한 방법을 아이에게 강요할 것인가 아니면 새로운 방법을 찾아볼 것인가는 엄마의 선택이다.

위의 사례처럼 아이의 마음을 수용하고 눈높이를 맞춘 대화를 하면 의외로 간단하게 새로운 방법을 찾을 수도 있다. 아이 스스로 하고 싶고 실천하는 방법이 엄마의 목표라면 아이와 엄마가 만족하는 윈-윈 방법(win-win method)이 된다.

일상적인 문제해결방법인 승-패법과 구별되는 방법이기도 하다. 엄마 자신의 방법을 아이에게 강요해서 어쩔 수 없이 따르게 하거나 아이를 도저히 꺾을 수 없어서 아이 마음대로 하게 엄마가 포기하는 방법은 한쪽이 이기고 한쪽이 질 수밖에 없는 승-패법이다.

'성공하기 위해 가장 중요한 것은 부모를 잘 고르는 일이다'라는 미국 속담이 있다. 아이가 부모를 고를 수 없다면, 운명적으로 만나게 된 부모가 스스로 더 좋은 부모가 되기 위해서 노력할 수밖에!

# 친구들이 보는 앞에서
혼나서 속상했겠다

비난하지 않고 잘못된 행동만 알려주자

    남편의 친구들 네 가족과 안면도에 놀러 갔을 때의 일이다. 민박집 주위에 쑥이 한창이었는데 주인 아주머니께서 섬 바람을 맞고 큰 쑥이라 좋은 성분이 많다며 쑥을 뜯어가라고 하셨다.
    남편 친구 중 한 명이 놀고 있는 아이들을 불러 모아 제안을 했다. 아이들이 쑥을 뜯어오면 어른들이 마음에 드는 쑥을 살 테니 그 돈은 용돈으로 써도 좋다. 하지만 쑥에 잡초가 섞여 있어서 손질하기 불편하거나 별로 좋지 않은 쑥을 뜯어오면 팔리지 않을 수도 있다고 했다.
    그런 후에 아이들에게 좋은 쑥을 고르는 법과 쑥 뜯는 법을 알려주었고 아이들은 신이 나서 달려 나갔다. 한 시간이 지났을 무렵 아이들은 양파망에 하나 가득 쑥을 뜯어 왔다. 각자 뜯어 온 쑥들을 펼쳐놓고 한 사람씩 나와서 쑥을 판매했는데 여자아이들은 어른들에게 배운 대로 좋은 쑥을 골라 와서 비싼 값에 팔았다.

그런데 3학년 남자아이가 뜯어 온 쑥은 온통 잡초투성이에다 뿌리까지 뽑아 온 게 대부분이어서 손질하는 데 시간이 오래 걸릴 것 같았다. 결국 그 아이의 쑥은 팔리지 않았고 장난기가 발동한 어른들이 "이렇게 지저분한 쑥은 사지 않겠습니다", "나도 이 쑥은 안 사 갈래요" 하며 아이를 놀렸다.

얼굴이 벌게진 아이가 자신의 쑥을 바닥에 내팽개치며 소리를 지르고 울음을 터뜨렸다. 그런데 아이를 달랠 틈도 없이 아이의 엄마가 달려와서 아이를 호되게 야단쳤다. 어른들 앞에서 버릇없이 쑥을 내던지고 소리를 질렀다는 이유로 아이는 어른들과 친구들이 보는 앞에서 한참 야단을 맞았다. 아이의 엄마는 아이가 방에서 한 시간 동안 나오지 못하는 벌을 주었다.

아이가 잘못을 하기는 했지만 속상한 마음도 클 것이라는 생각이 들었다. 아이의 엄마에게 양해를 구하고 방에 들어가 그동안 부모역할교육에서 배운 대로 아이의 마음을 읽어줬다.

"너도 쑥을 팔고 싶었는데 아무도 사지 않아서 속상했구나. 그리고 엄마가 친구들이 보는 앞에서 너를 혼내서 그것도 속상했겠다."

그러자 아이는 큰 소리로 울음을 터뜨리며 그동안 엄마가 자신이 잘못을 저질렀을 때마다 사람들이 보는 앞에서 혼을 내서 화가 났고 엄마가 밉다고 했다. 아이는 한참 동안이나 엄마에게 대한 불만을 털어놨고 나는 아이의 말을 끝까지 들어주며 마음을 읽어주었다.

한결 표정이 좋아진 아이는 자신도 잘못한 점이 있다며 어른들에게 사과하고 싶다고 했다. 아이는 어른들에게 쑥을 내던지고 소리를 지른 것에 대해서 사과를 했고 아이의 엄마는 매우 놀라워했다. 그동안 아이를 혼내고 나면 아이는 잘못을 반성하기는커녕 몇 날 며칠을 말도 안 하고 오히려 반항을 했다며 어떻게 아이의 마음을 풀어줬는지 놀라워했다.

엄마 입장에서 내 아이가 예의에 어긋난 행동을 하는 것을 그냥 두고 볼 수는 없다. 잘못은 꾸짖고 타일러서 고쳐야 한다. 그런데 잘못을 어떻게 꾸짖는가는 중요한 문제다. 친구나 다른 사람들 앞에서 심하게 야단을 치게 되면 아이는 무안해지고 자존심이 상한다. 그렇게 되면 자신의 잘못을 깨닫기보다 오히려 야단치는 엄마를 원망하고 미워할 수 있다.

아이의 잘못은 다른 사람이 보지 않는 데서 가르치는 것이 좋다. 그 자리에서 꼭 지적해야 할 일이라면 비난하지 않고 잘못된 행동만 간단하게 알려주는 것이 좋다.

위의 사례에서, 속상해하는 아이의 마음을 충분히 읽어주고 아이의 말을 끝까지 들어준 것은 아이가 부정적인 감정에서 해방되도록 도와주는 아주 좋은 방법이다. 아이가 큰 소리로 울음을 터뜨리고 그동안 쌓여 있던 엄마에 대한 불만을 털어놓음으로써 아이 마음속의 부정적인 감정이 해소되고, 감정이 정화된 아이는 스스로 자신의 잘못을 깨닫고 사과할 수 있었다. 아이 엄마는 아이의 달라진 태도를 통해 아이를 꾸짖어온 자신의 방법이 잘못되었음을 알았을 것이다.

아이의 잘못을 가르치고 고쳐야 할 때, 중요한 것은 아이의 자존감을 손상시키지 않고 엄마와의 좋은 관계를 유지하면서 아이의 잘못된 행동을 변화시키도록 해야 한다는 점이다.

피아노 치는 게 힘들구나
칭찬보다 더 큰 힘이 되는 공감

공감이 얼마나 중요한지 3년 전쯤 모 방송을 통해 알게 되었다. 공감을 받은 아이는 타인을 이해하고 사회성과 리더십이 뛰어나며, 관계 형성을 잘할 수 있다는 내용이었다. 공감의 중요성은 알았지만 어떻게 해야 하는지 구체적인 방법을 몰라서 아이의 마음을 알아주고 공감해주지 못했다. 부모역할교육을 받으면서 지금까지의 의사소통 방법이 잘못되었음을 알게 되었고, 공감을 해주는 방법을 구체적으로 자세히 알고 실천하고 있다.

공감을 받은 아이가 얼마나 큰 힘을 얻고, 힘들고 어려운 일을 이겨낼 수 있는지 초등학교 2학년 둘째딸 수빈이와의 대화를 통해 느끼게 되었다. 수빈이는 무엇을 배우든 습득하는 능력은 좋지만 먼저 배우겠다고는 잘하지 않는다. 그런데 요새 바이올린에 관심이 생기는지 일주일에 한 시간씩 배우고 싶다는 이야기를 했다.

바이올린을 배우면 좋겠다는 생각은 들지만 지금 배우고 있는 피아노도 힘들다고 할 때가 많아서 걱정이 되어 이야기를 했다.

"수빈아! 악기는 제대로 소리 날 때까지 배우려면 힘들 때도 있고 손도 아플 텐데 괜찮을까? 엄마는 걱정되네."

수빈이는 이렇게 말했다.

"음…… 잘 모르겠어요. 그런데 엄마가 칭찬 많이 해주면 할 수 있을 것 같아요."

"그래? 칭찬해주면 할 수 있을 것 같아?"

"네. 지금 피아노도 선생님한테 혼나서 하고 싶지 않은데 엄마가 칭찬해줘서 할 수 있거든요."

엄마는 아이가 피아노 치는 것을 본 적이 없기에 칭찬을 해준 적이 없었다.

"칭찬? 엄마가 칭찬해줬어?"

"엄마가 나 힘들다고 할 때 내 마음 알아줬잖아요. 그렇게만 해주면 포기하지 않고 끝까지 잘할 수 있어요."

단지 아이가 피아노 치고 와서 힘들다고 하면 "그랬구나, 많이 힘들었겠다", "선생님한테 혼나서 속상했겠네"라고 아이의 마음을 읽어준 것밖에 없었다. 단순히 아이의 마음에 공감해주었을 뿐인데 그것을 아이는 칭찬으로 여기고 힘을 얻은 것 같았다.

수빈이는 '무엇을 하고 싶다', '할 수 있다'고 하기보다는 잘하면서도 '힘들다, 어렵다'라는 말을 잘하는 편이었다. 그런 아이 입에서 엄마가 힘들 때 마음을 알아주고 이해해주면 포기하지 않고 잘할 수 있다는 말을 들으니 놀라웠다. '잘한다, 훌륭하다'라는 칭찬보다 공감해주는 말을 통해 자신을 지지해주고 응원하는 지원군을 등에 업은 듯 힘을 얻는 것 같았다.

이렇게 아이가 자신감을 갖게 된다면 무엇인들 못하겠는가? 공감을 구체적으로 실천하는 방법인 '반영적 경청'을 알게 되고 일상생활에서 적용할 수 있는 것이 얼마나 감사한지 모르겠다.

위의 내용은 6개월 동안 매주 부모역할교육에 참가하고 있는 한 엄마의 실천 사례다. 성인교육은 훈련학습이 아니면 효과가 없다고 한다. 오랜 세월 경험하고 쌓아온 삶의 태도가 이론 전달만으로는 힘을 얻지 못하기 때문이다. 많이 알아도 내 것으로 받아들이고 실천하지 않으면 삶을 변화시킬 수 없다. 태도를 바꾸고 실천하기 위해서는 상당한 기간을 두고 훈련하는 학습법이라야 효과가 있다.

'아는 것이 좋아하는 것만 못하고, 좋아하는 것이 즐기는 것만 못하다'고 했다. 즐긴다는 것은 곧 실천한다는 것이다.

'머리에서 가슴까지는 가장 먼 거리이고, 가슴에서 손발까지는 더욱 먼 거리'라는 말도 있다. 머리로 아는 것에서 끝내지 말고 가슴으로 깨닫고 손발로, 행동으로 실천하는 것이 중요하다는 의미다.

좋은 부모가 되기 위해서는 스스로 변화를 시도해서 생각을 바꾸고 행동을 바꾸고, 나아가 습관을 바꿀 때 비로소 성격이 바뀌고 운명도 바뀔 수 있다.

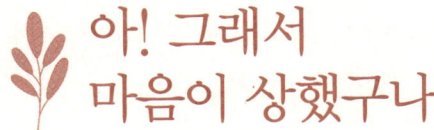
아! 그래서 마음이 상했구나

조급한 마음이 들 때 쉬어가는 여유가 필요하다

방과 후 영어수업을 마친 초등학교 3학년 아들을 학교 앞에서 만났다. 아이는 두 눈이 충혈되어 있었고 얼굴빛이 좋지 않았다. 걱정스러운 마음으로 엄마가 물었다.

"시진아. 무슨 일 있어? 표정이 안 좋네."

"네, 맞아요. 그래서 엄마가 데리러 와줬으면 좋겠다고 생각했어요."

"그랬구나. 무슨 일인지 궁금하다."

"영어시간에 애들이 빙고게임 못한다고 놀렸어요."

"아! 그래서 맘이 상했구나."

"그래요."

퉁명스럽게 대답한 아이가 더 이상 말하지 않기에 기다리기로 했다. 집에 와서 장난감을 갖고 놀던 아이가 제법 진지하게 말했다.

"난 왜 내 인생을 엄마가 짜준 스케줄대로 살아야 돼요?"

아이에게 억지로 공부시키지도, 강요하지도 않았다고 생각하는 엄마는 할 말을 못 찾고 있는데 아이 말이 이어졌다.

"난 엄마가 무슨 말을 하실지 다 알아요. 다른 애들은 단어시험도 보고 1학년 때부터 영어학원에 다닌다는 말을 하고 싶은 거죠?"

영어공부는 해야 한다고 아이를 설득해서 문제를 해결하고 싶었지만, 잠깐 침묵한 채로 있었더니 기특하게도 아이가 먼저 말했다.

"알았어요. 방과 후 영어 계속할게요."

그날 저녁 항상 바쁜 남편이 오랜만에 일찍 귀가해서 아이에게 정답게 말했다.

"우리 아들, 요즘 잘 지내나?"

아빠의 말에 아이는 갑자기 울기 시작하면서 말했다.

"아빠! 난 영어 선생님이 무서워서 방과 후 영어공부 하고 싶지 않는데 억지로 해서 너무 힘들어요."

엄마, 아빠는 당황스러웠고 아이 말은 계속되었다.

"영어 선생님이 자꾸 짜증을 내셔서 마음 졸이면서 공부하는 게 힘들어요."

"아, 그렇구나. 공부는 억지로 하면 안 되는 거야. 내일부터 영어 하지 마."

너무 쉽게 선심 쓰듯 말하는 남편이 못마땅한 엄마가 아이에게 물어보았다.

"선생님께서 왜 짜증을 내시는지 궁금하네."

"나한테 직접 짜증 내시는 건 아니고 고학년 형아한테 내는데 난 수업시간 내내 긴장되고 무서워요."

"그래서 무서웠구나. 우리 아들! 어떻게 하고 싶어?"

"아빠가 안 해도 된다고 했으니까 내일부터 안 할래요. 피아노 치는 건 좋아서 더 하고 싶고 시간이 금방 가는데 영어는 안 그래요."

아이 말은 봇물 터진 듯 계속 이어졌다.

"다른 애들 학원 다닌다고 나도 다녀야 돼요? 엄마는 중요한 걸 몰라요. 엄마들이 짜준 빡빡한 스케줄대로 하는 애들은 눈밑 다크서클이 10센티나 내려왔어요. 그나마 나는 3센티 내려왔지만요."

엄마는 아이의 과장된 말에 진심으로 공감할 수도 없었고, 영어공부를 안 하겠다는 아이의 결정을 받아들이기 힘들었지만 한 단계 낮춰서 고학년 형아들과 다른 반에서 공부했으면 하는 생각을 이야기할 수 없었다. 아빠의 지원을 받고 당당해진 아이에게 더 이상 말하기가 힘들었다.

다음날부터 집에 일찍 와서 블록놀이, TV를 보거나 책을 읽느라 여유 있는 아이를 보는 엄마는 마음이 불편해졌다. 며칠 지난 후 엄마는 솔직한 마음을 얘기했다.

"아들아. 네가 하던 영어 공부에 대해 엄마가 생각해봤어."

"어떻게요?"

"엄마는 우리 아들이 영어공부 쉬고 있으니까 걱정스러워! 선생님이 무섭다면 다른 방법을 찾을 수도 있는데 아예 영어를 끊으니까 앞으로 필요한 영어와 멀어지면 어떡할까 싶네."

아이는 이미 생각하고 있었던 것처럼 너무 쉽게 대답했다.

"그렇네요. 엄마가 예전에 얘기했던 영어사이트에서 공부해보고 싶어요."

아이 마음이 영어공부에서 떠나버리지 않았다는 게 다행스러워서 엄마는 아이가 원하는 방법대로 해보기로 했다.

엄마는 부모역할교육 수업에 꾸준히 참여하면서 조금씩 변하고 있다. 조급한 마음에서 쉬어가는 여유, 기다리는 여유가 생겼다. 엄마의 결정을 일방적으로 통보하지 않고 아이 말을 듣고 아이와 의논해서 문제를 해결하는 엄마가 되려고 노력하고 있다.

아이와의 대화는 예술이라고 한다. 예술이 하루아침에 완성될 수 없고, 정답이 있을 수도 없다.

# 잘 어울리는구나
아이에게 선택권을 줘서 자율성을 키우자

　우리 사회는 전통적으로 체면을 중요하게 생각해왔다. 다른 사람의 시선을 많이 의식하고 행동에 제약을 받으면서 살아왔다. 요즘 젊은 이들이 변하고 있긴 하지만 아직도 벗어버려야 할 불필요한 구속이나 제약이 많은 것 같다.
　아이가 입고 싶어 하는 옷이 부모의 시각에서 유치한 배색이거나 잘 어울리지 않는다고 생각할 때 옷의 선택권을 아이에게 주고 싶지 않게 된다. 아이가 유치하게 옷을 입으면 다른 사람이나 선생님에게 체면이 안 서고 창피하다고 생각하기 때문이다. 부모의 이러한 생각은 아이의 자유로운 선택권을 빼앗게 되고 부모의 기준에서 멋있게 옷을 입히려고 하면서 부모와 아이의 갈등이 빚어진다.
　유치하다는 말은 바로 어리다는 말이기도 하다. 아이가 유치한 것은 지극히 자연스러운 일이다. 아이들은 유치할 권리가 있다. 어릴 때는 원하는 대로 유치하게 옷을 입고 커가면서 멋을 배워도 늦지 않다.

부모가 선택해주는 옷만 입어야 하는 아이가 어느 날 이렇게 말 할 수도 있다. "엄마! 나는 엄마 인형이 아니에요, 내가 입고 싶은 옷이 따로 있어요"라고. 자기표현을 당당하게 하는 아이는 건강한 아이다. 당돌한 아이라거나 버릇없는 아이라고 생각해서 꾸짖는 부모는 군림하는 부모이다. 부적절한 권위의식을 갖고 있는 권위주의적인 부모의 태도이다.

아이의 차림새가 부모 입장에서 못마땅한 경우일지라도 다른 사람에게 피해를 주는 문제가 아니라면 아이에게 선택권을 주는 것이 좋다. 미국에서 몇 년간 살다 온 한 어머니는 초등학교 2학년 남자아이에게 한국과 미국의 문화 차이에 대해서 말해주고 옷차림, 몸가짐에 대해 주의점을 일러주었다. 그랬음에도 불구하고 아이는 귀걸이를 꼭 한 번 하고 싶다고 엄마를 졸랐다. 몇 번은 반대를 했지만 아이의 요구가 끈질기게 이어지자 엄마는 "그렇게 하고 싶으면 마음대로 해" 하고 아이의 요구를 받아들였다. 귀걸이를 하고 나가서 친구들을 만나고 돌아온 아이는 귀걸이를 팽개치면서 말했다.

"다음부터는 안 할 거야. 애들이 놀리잖아. 남자는 귀걸이를 안 하는 거래."

한국과 미국의 문화 차이를 엄마가 누누이 설명하는 것보다 본인이 한번 부딪쳐서 체험하는 것이 효과적임을 알 수 있다. 몇 년 전의 사례인데 요즘 아이들은 또 변했을 수 있다. 남자가 귀걸이 하는 것이 왜 이상하냐고.

가능한 한 아이의 요구를 받아들이고 하나의 인격체로 독립할 수 있도록 배려해야 한다. 원하는 옷을 "스스로 선택해서 입고 싶구나", "네가 좋아하는 옷을 입고 싶구나"라고 말해주고 뒤로 물러서는 것이 바람직하다. 아이가 선택한 옷이 보기 좋으면 "참 보기 좋다", "엄마가 보기에 잘 어울리네"라고 관심을 보이는 것으로 충분하다.

능력 있는 사람에 대한 정의는 자신의 삶을 스스로 기획하고 통제할 수 있는 사람이라고 한다. 부모들은 자신의 아이가 능력 있는 사람으로 성장하기를 바란다. 지나친 관심은 자율성을 방해하기 때문에 때로는 무관심이 약이 될 수도 있다. 아이에게 선택권을 많이 주는 것은 아이의 자율성을 키우고 능력 있는 사람으로 성장하도록 돕는 방법이다.

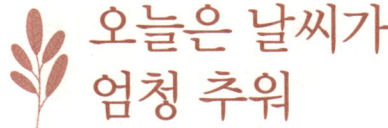# 오늘은 날씨가 엄청 추워

스스로 해결해서 자립심을 키우자

추위를 느끼는 정도는 사람마다 차이가 있고, 아이와 어른은 더욱 다르게 추위를 느낀다. 부모가 생각하기에는 기온이 낮아서 추울 것 같아도 아이는 전혀 추위를 느끼지 않는 경우도 있다. 따라서 학교에 가거나 외출을 할 때 옷을 어떻게 입을 것인가에 대한 부모와 아이의 생각이 일치하지 않아서 곤란을 겪기도 한다.

그래서 먼저 아이가 추위를 느끼는 정도에 대한 개인차를 이해하고 인정하는 것이 중요하다. 흔히 말하는 열이 많은 아이가 있다. 이러한 아이는 옷을 껴입는 것을 싫어하고 추위를 많이 타지 않는다. 부모의 기준보다 아이의 기준에 맞추도록 할 필요가 있다. 그런가 하면 감기에 잘 걸리는 아이가 추운 날씨에도 불구하고 옷을 얇게 입고 나가겠다고 하면 그냥 두고 볼 수는 없는 일이다. "추우니까 하나 더 입어", "추우니까 잠바(코트)를 입어야 해"라고 하면 "싫어, 안 추워", "입기 싫단 말이야"로 대답하는 경우가 흔히 있다. 부모는 꼭 입히고 싶지만 부모가 강요할수록 아이는 거부하게 된다.

　어른이든 아이든 인간은 남이 시키면 하기 싫어지는 심리가 있다. 모든 사람은 선천적으로 자유욕구가 있기 때문이다. "하던 짓도 멍석 깔아주면 안 한다"는 말이 있지 않는가. 자유욕구강도가 높은 아이는 시키면 더욱 싫어한다. 또 사람은 누구나 자신이 선택한 것에는 최선을 다하지만 다른 사람이 선택해주는 것에는 최선을 다하고 싶지 않다. 그러므로 될 수 있으면 아이에게 선택의 기회를 주는 것은 꼭 필요하다.

　부모 생각으로는 추울 것 같아 억지로 옷을 껴입힌 경우의 부작용으로 다음과 같은 예가 있다. 집에서는 부모가 시키는 대로 입고 나갔다가 밖에서 아이는 옷을 벗어버렸다. 아이는 벗은 옷을 들고 다니다가 잃어버리고 집에 왔다. 새로 산 옷이 아까워서 엄마와 함께 찾으러 다녔으나 옷을 찾을 수 없었다. 놀이터에서 잃어버린 것 같지만 확실한 것은 알 수 없었고 옷을 찾는 과정에서 엄마와 아이의 관계만 나빠졌다. 엄마가 아이의 친구들에게도 캐묻고 탓한 결과 친구 사이에서 아이의 입장이 곤란해졌다. 아이는 엄마 때문이라고 엄마를 원망하고 있다고 했다.

　부모의 입장에서 아이에게 필요한 것을 말할 때 요청하는 것과 강요하는 것은 다르다. '요청'은 아이에게 선택권을 주면서 부모의 생각을 말하는 방법이므로 아이를 존중하게 된다. '강요'는 선택권을 부모가 갖고 아이에게 따르도록 하는 방법이므로 아이는 존중받지 못하는 느낌을 갖게 될 것이다. "날씨가 많이 춥단다. 옷을 얇게 입으면 감기 걸릴까 걱정이 된다", "날씨가 추운데 옷을 따뜻하게 입어야 떨지 않을 것 같다"라고 요청하는 것과 "추운데 잠바를 꼭 입고 가", "하나 더 입어"라고 강요하는 것은 서로 다르다. 이럴 때 아이에게 날씨가 춥다는 사실만 알려주고 날씨에 맞춰 옷을 입는 것은 아이의 선택에 맡기는 것이 좋다. 아이의 선택이 적절치 않아 부모의 의견을 말하고 싶다면 요청은 하되 강요는 하지 않도록 하자.

  자기 일은 스스로 해결하도록 하는 것이 자립심을 키우는 방법이다. 과잉보호를 하는 것은 자기표현을 할 수 있는 기회를 막게 되는 것이다. 자기표현의 기회를 막게 되면 의사소통도, 인간관계도 단절될 수밖에 없다.

정직한 것은 무엇보다 중요해

인성교육의 시작은 스스로 감정조절 능력을 키우는 것부터

아이를 정직하게 키우는 것이 교육의 시작이라고 한다. 영국 속담에는 정직이 최상의 정책이라는 말이 있다. 정직해서 불이익을 당하는 인간관계, 정직해서 불이익을 당하는 사회는 건강하지 않은 관계, 건강하지 않은 사회다. 건강한 인간관계를 만들고 건강한 사회의 구성원으로 잘 살아가기 위해서 정직해지는 것은 참으로 가치 있는 일이다. 정직은 말로 가르치는 것으로는 충분하지 않다. 부모가 행동으로 정직을 실천하는 모습을 보여야 한다. 좋은 말을 하기도 쉽지 않지만 말한 대로 살아가는 것은 더욱 어려운 일이다.

좋은 부모란 삶에서 모범을 보이는 부모이다. 바꿔 말하면 인격적으로 성숙한 만큼 좋은 부모가 되는 것 같다. 아이들은 부모의 앞모습을 보고 자라는 것이 아니라 뒷모습을 보고 자란다고 한다. 부모가 시키는 대로, 가르치는 대로 커가는 것이 아니라 부모가 살아가는 대로, 부모를 보고 배운 대로 커간다는 말이다.

정직하라고 말하는 것이 강요가 되면 곤란하다. 정직하기를 스스로 실천하고 싶도록 도와주는 것이 중요하다. 아이는 정직하게 말하고 행동했다가 자신에게 불이익이 돌아오는 경험을 하게 되면 계속 정직하려고 하지 않을 것이다. 학교에서나 밖에서 실수하고 잘못한 일을 정직하게 부모에게 말했다가 꾸중을 들었다면 다음에는 정직하게 말해서 꾸중 듣기를 선택하지 않으려고 할 것이다.

아이가 잘한 일을 말할 때 기뻐하고 칭찬하는 것만큼, 실수하고 잘못한 일을 말할 때 편안하게 받아들이는 것이 중요하다. "엄마, 오늘 선생님한테 혼났어요"라고 말한다면 "그래서 기분이 나쁘구나"라고 아이의 마음을 읽어주는 것으로 대화를 시작할 수 있다. 대화가 시작된 후에는 아이가 마음 편히 사실을 말할 수 있도록 들은 후 "사실대로 터놓고 정직하게 말해줘서 고맙다" 또는 "엄마를 믿고 숨기지 않고 말해주니 좋구나"라고 말해서 정직한 행동을 강화할 수 있다.

또 다른 예를 들어 보겠다. "엄마, 오늘 민우하고 싸웠어"라고 아이가 말을 시작할 때 "왜 싸웠니?", "친구하고 사이좋게 놀아야지", "싸우는 것은 나쁘다고 했지?" 등으로 말하면 아이는 그 이상 말하고 싶은 마음이 들지 않게 된다. "그랬구나", "민우랑 문제가 있었구나"라고 아이를 수용하는 말을 먼저 하면 아이가 싸우게 된 자초지종을 터놓고 말하고 싶어진다.

부모가 분석하고 평가하는 자세로 임하면 아이는 자신에게 불리한 사실을 숨기거나 거짓말을 할 것이다. 반면 부모의 수용적인 태도는 아이를 솔직하고 정직하게 만든다. 때로는 자신의 잘못도 부담 없이 부모에게 말할 수 있게 된다. 솔직하게 터놓고 말한 자신에 대해 만족할 것이고 스스로 정직한 아이라고 흐뭇해할 수도 있다.

그리고 무엇보다 중요한 것은 부모가 정직하게 살아가는 모습을 보여주는 것이다. 정직하게 살아가기 위해서 부모는 자신의 정직한 감정, 생각을 인식할 필요가 있다. 스스로 인식한 감정, 생각과 일치되게 표현하는 것이 정직한 모습의 기본이다.

인성교육의 중요성은 아무리 강조해도 지나치지 않을 것이다. 인성교육은 아이 스스로 감정조절을 할 수 있는 능력을 키워주는 것부터 시작해야 한다. 그러기 위해서는 무엇보다 부모의 수용과 공감적인 태도가 중요하다.

네가 기쁘면
엄마도 기뻐

완벽한 부모는 나쁜 부모다

최선을 다하는 것은 아름다운 일이고 중요한 일이다. 부모는 아이가 맡은 일에 최선을 다하기를 바란다. 그리고 "최선을 다했으면 됐어"라고 말한다. 그런데 아이가 다했다고 생각하는 최선과 부모가 기대하는 최선에는 차이가 있을 수 있다. 부모가 흡족해하지 않으면 아이는 느낌으로 알 수 있다. 부모의 기대가 커서 자신의 최선이 부모를 만족시킬 수 없다고 생각할 때 아이는 힘들고 행복하지 않을 것이다.

지금 생각하면 가슴 아프다고 하는 한 어머니 사례다. 초등학교 3학년인 딸아이가 학교에서 돌아와서 신나서 말했다.

"엄마, 나 부반장 됐어."

딸은 2학기 부반장이 되어 기뻤는지 집에 들어오기가 무섭게 자랑했다. 딸이 부반장이 된 것은 3학년 1학기에 지방에서 전학 온 아이가 한 학기 동안 친구도 잘 사귀고 적응을 잘한 결과다. 하지만 전학 온 후 얼마간은 반 아이들이 사투리를 쓴다고, 시골에서 왔다고 무시하는 것 같아 기분이 나쁘다는 말도 종종 했다. 그러더니 어느새 새 친구들과 잘 사귀고 친구들에게서 인정도 받은 것이다. 그러다 부반장이 됐으니 아이로서는 무척 신나고 기분 좋은 일일 수밖에 없다. 집에 빨리 와서 엄마에게 기쁜 소식을 전하고 싶었을 것이다.

아이의 말을 들은 엄마의 반응은 별일 아니라는 듯 "응, 그래. 알았어"였다. 엄마의 생각은 '반장도 아니잖아, 부반장 된 게 뭐 그리 대단하다고'에 머문 것이다. 엄마가 보는 아이는 반장감이니까 부반장이 만족스럽지 않은 것이다. 엄마는 아이가 요즘 1학기 반장과도 친하게 지내면서 집에 데리고 오곤 했기 때문에 엄마는 은근히 반장을 기대하고 있었던 것이다. 엄마의 이러한 마음이 신난 아이의 마음을 맞춰주지 못한 것이다.

엄마의 썰렁한 반응은 아이의 기분을 꺾어버리기에 충분했다. 그나마 드러내놓고 부반장이 된 것에 대해 불만을 말하지 않은 것을 다행이라고 엄마는 생각했다. "이왕이면 반장이 되지 부반장이 된 것이 뭐 그리 대단해?"라고 직접 말하는 무식한 엄마는 아니었지만 엄마의 마음속에 있는 생각은 표정이나 태도로 이미 아이에게 전달되기에 충분했던 것이다.

이런 일은 아이가 스스로 성취한 대단한 일이 부모에 의해 평가절하되어버렸다고 봐야 한다. 아이가 기뻐할 때 부모도 아이처럼 기뻐하고, 아이가 신날 때 아이와 같이 신난다면 아이는 자신에 대해 참으로 대견한 마음이 들 것이다. '난 참 괜찮아! 난 잘할 수 있어' 같은 자신감이 아이를 더 적극적으로 살 수 있게 하는 바탕이 될 것이다.

완벽한 부모가 가장 나쁜 부모라고도 한다. 인간은 완벽한 존재일 수 없다. 그럼에도 불구하고 자신이 완벽하다고 착각에 빠져 있다면 문제부모가 틀림없다. 스스로 지적이고 똑똑하다고 생각하면서 다른 사람의 의견을 귀담아 들으려 하지 않는 부모, 자신의 기준에 아이를 맞추려 하고 욕심을 부리는 부모는 곤란하다.

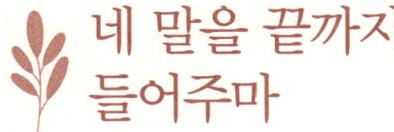
네 말을 끝까지 들어주마

아이 문제에서 해결사가 되지 말자

아이가 선생님에 대해서 불평을 하거나 불만을 말 할 때가 있다. 이럴 때 부모입장에서 어떻게 대처해야 할지 난감하다. 선생님과 좋은 관계를 맺기 원하는 마음으로, 또는 아이의 버릇없는 행동을 방치할 수 없다는 마음으로 아이를 나무라고 선생님을 옹호하면서 다음과 같이 말하는 경우가 있다. "선생님은 좋은 분이란다", "그렇게 말하면 나쁜 애야", "학생이 선생님을 존경해야지", "선생님을 잘 따르는 것이 옳은 일이야" 등으로.

그런데 이렇게 하면 아이와 부모의 대화는 단절될 수밖에 없다. 부모에게 이해받고 싶어서 말을 시작한 아이는 부모의 훈계와 충고에 말문을 닫고 만다. 부모에게 말하는 것이 자신에게 도움이 되지 않는다는 생각을 하게 되기 때문이다.

다른 경우는 아이 말만 듣고 아이 편에서 선생님을 비난하는 것이다. "선생님이 잘못했구나", "그 선생님 틀렸다", "선생님이 왜 그러지? 문제야", "네 말이 맞어, 그 선생님 안되겠다" 등으로 말해서 아이에게 선생님에 대한 부정적인 태도를 갖게 만든다. 이러한 방법은 교육적으로 가장 바람직하지 못하다. 선생님을 존경하는 마음이 없으면 그 선생님에게서 바른 교육을 받을 수 없기 때문이다. 아이를 위해서 특히 조심해야 할 부분이다.

바람직한 부모의 대처방안은 선생님 편을 드는 것도, 아이의 편을 드는 것도 아니다. 잘잘못을 따져서 먼저 판단하려고 하지 않아야 한다. 무엇보다 아이의 말을 끝까지 잘 들어주는 것이 중요하다. "선생님께 불만이 있었구나", "할 말이 많은가 보구나", "네 말을 끝까지 다 들어주마, 천천히 얘기해도 돼"라고 할 수 있다. 판단은 다 듣고 난 후 해도 늦지 않다. 성급한 판단은 오류를 낳기 쉽기 때문이다. 가능하면 아이 스스로 판단하도록 하고 부모가 판단하는 것은 피하는 것이 더 좋다. 문제를 가장 잘 아는 사람은 본인이다.

끝까지 잘 들어주기만으로 성공한 사례를 보겠다. 초등학교 2학년인 아이의 담임이 할아버지 선생님이었다. 아이는 담임이 정해진 날부터 할아버지 선생님이 싫다고 했다. 엄마는 아이를 달래느라 여러 이야기를 했다. "선생님은 경험이 많으실 거야", "할아버지니까 손자처럼 더 예뻐해주실 거야", "할아버지 선생님을 다른 반 아이들은 부러워할 텐데" 등으로 아이에게 말했지만 아이는 시큰둥했다. 그리고 학교에서 돌아오면 선생님에 대한 불만을 말했다. "할아버지 선생님이 싫어요", "선생님에게 질문하기도 싫어요", "옆 반 선생님이 더 좋아요", "우리 선생님은 재미도 없어요" 등 아이는 할 말이 많기도 했다.

그 무렵 엄마는 부모역할교육을 받게 되었고 지금까지 해왔던 말이 아이와의 의사소통에 걸림돌로 작용했음을 알게 되었다. 아이에게 문제가 생겼으니까 부모가 해결해주어야 한다는 생각에 설득하고 충고하고 때로는 훈계도 했다. 아이를 돕기 위해 더 잘한다고 한 말은 위로나 칭찬이었다. "선생님과 잘 지내도록하렴", "네가 선생님을 싫어하면 선생님도 너를 싫어하신단다", "선생님에 대해 나쁘게 말하는 것은 옳지 않아", "좀 더 있으면 선생님이 좋아질 거야, 힘내자", "넌 착한 아이니까 잘할 수 있어"와 같이 말했고 여전히 아이의 불평, 불만은 해소되지 않았다. 그 이유를 알게 된 후 엄마는 걸림돌 대신 잘 듣기를 실천했다.

아이 말을 끝까지 다 들은 다음 아이에게 공감하는 반응을 보였다. "그랬구나", "그런 점이 싫었구나", "그게 마음에 맞지 않았어"와 같은 말로 아이의 마음을 읽어주었다. 며칠간 계속되던 아이의 불평이 어느 날부터 사라졌다. 그리고 하루는 "엄마, 이제 우리 선생님이 좋아요", "할아버지 선생님이 왜 좋은지 알았어요"라고 말했다.

부모에게 터놓고 말하는 것으로 아이의 감정은 정리될 수 있고 상황을 객관화시켜서 볼 수 있는 능력도 생기게 된다. 그러니 부모는 아이를 믿고 기다리면서 아이의 상황대처 능력을 키워주는 것이 바람직하다.

아이의 문제를 도와주려고 할 때 대개 부모는 해결사가 되려고 한다. 아이의 문제해결 능력을 키워주기 위해서 해결사 되기를 자제할 필요가 있다. 부모가 끝까지 잘 들어주고 아이가 하고 싶은 말을 다하게 되면 문제의 본질을 알 수 있게 된다. 문제를 객관화시키고 명료화하는 것을 부모가 도와준다면 아이는 스스로 문제를 해결할 수 있을 것이다.

신나게 놀았구나

흠뻑 빠져서 놀 수 있는 시간을 주자

요즘 아이들은 놀고 싶어도 같이 놀 친구가 없다고들 한다. 친구들과 어울리기 위해서라도 학원에 가야 하고, 놀이도 시간에 맞추어 계획을 짜고, 선생님과 함께하는 세상이다. 아이들은 놀이를 통해서 배우고 놀이를 통해서 건강해진다. 어릴 때부터 빽빽하게 짠 시간표대로 움직여야 하는 아이들은 자신이 원하는 만큼 실컷 놀 수 있는 경험을 못 하고 있다. 이웃집이나 친구 집에 놀러 가서도 부모가 허락한 시간을 넘길까 조마조마해한다. 이렇게 시간을 챙겨가면서 놀이에 집중하지 못하는 옆집 아이가 참으로 애처롭다고 말한 경우도 있었다. 시간 가는 줄 모르고 흠뻑 빠져서 신나게 노는 경험이 '절정의 경험(peak experience)'이다.

어릴 때 절정의 경험을 충분히 한 아이들은 정신건강이 좋고 창의적인 일을 한다는 것은 이미 연구 결과로 알려져 있다. 어릴 때의 바람직한 경험이 건강한 인생의 기초가 되고, 나아가서 일생 동안 삶의 질에 영향을 미친다. 다른 아이들이 다 하니까, 또는 다른 아이들보다 앞서 가야 한다고 부모가 생각하기 때문에 가르칠 것이 너무 많은 것이다. 부모가 원하는 것을 다 배우기 위해서 아이는 꽉 짜여진 시간표에 묶여 생활한다. 배우는 시간 사이사이 짧은 짬을 이용해서 놀 수밖에 없는 아이들이 신나게 흠뻑 빠져서 즐길 시간을 가질 수 없다. 배우면서 쌓인 스트레스도 신나는 놀이를 통해서 풀 수 있다. 아이들의 생활시간이 계획된 대로 배우는 것에 편중되고 있는 것은 참으로 안타까운 일이다.

그러나 요즘 다행스럽게도 일부 부모들 사이에서는 신나게 노는 것의 중요성이 인식되어가고 있는 것 같다. 최근에는 산으로, 들로 3시간씩 돌아다니면서 신나게 놀 수 있는 프로그램이 생겼다. 복잡한 대도시에 사는 많은 아이들이 자유롭게, 자연 속에서 뛰놀기는 어차피 어려운 환경이다. 충분하지는 않더라도 부족한 것을 채우려는 방법을 찾아야 한다. 가끔 대자연 속에서 즐길 수 있는 특별한 계획을 세우거나 방학 때를 이용해서 시골 친척집에 갈 수 있는 아이는 그나마 다행이다.

현대 경쟁사회를 살아가야 할 아이들에게 남들처럼 가르치는 일도 중요하다. 하지만 필요한 만큼 가르치되 놀 수 있는 시간도 배려하고 놀 때는 충분히 흠뻑 빠져서 신나게 놀 수 있도록 했으면 좋겠다. 그리고 "신나게 놀았구나"라고 공감해줄 기회가 자주 있었으면 좋겠다.

부모가 아이에게 줄 수 있는 최고의 선물은 게임기나 휴대폰이 아니라 진심이 담긴 말의 선물이라고 한다. 신나게 놀 수 있는 환경과 시간을 제공하고 만족해하는 아이에게 "신나게 놀았구나"라고 말해준다면 선물은 2배로 커질 것이다.

같이
생각해보자

의논하면 윈-윈 할 수 있다

아이가 곤란한 요구를 할 때 들어주고 싶지 않으면 일단 안 된다고 해버리기 쉽다. 부모의 판단으로 즉각 거부를 해버리면 아이의 마음속에 무엇이 있는지 알지 못한 채 대화는 단절된다. 요구를 거부당한 아이는 포기해버리든지 아니면 떼를 써서 자기의 요구를 관철시키려고 한다.

아이가 떼를 쓰게 되면 부모도 감정적으로 대처하게 되므로 원활한 대화를 통해서 문제의 해결책을 찾기가 어려워진다. 결국 부모 뜻대로 하든지 아이의 뜻을 받아들이든지 택일을 하게 되어 두 사람의 관계에 좋지 않은 영향을 미치게 된다. 따라서 이러한 방법이 습관화되면 곤란하다.

아이의 요구가 다른 사람에게 피해를 주는 일이 아니고 개인적인 문제일 경우 즉각적인 거부 대신에 함께 의논해보자고 하면 아이들은 자신의 문제에서 보다 적극적으로 생각하기 때문에 부모가 기대하는 것 이상으로 좋은 해결책을 내놓기도 한다.

잘 해결된 사례를 보기로 하자. 초등학교 2학년인 외동아들을 두고 바깥에서 일을 하는 어머니에게 있었던 사례다. 아이는 집에서 혼자 지내는 시간에 외로워하고 쓸쓸해하면서 언제부터인가 강아지를 키우고 싶다고 했다. 아이가 강아지 이야기를 꺼낼 때마다 엄마는 단호하게 잘라서 반대했다. 강아지를 키우는 것이 간단한 문제가 아니라고 생각했기 때문에 아이의 요구를 들어줄 마음이 전혀 없었다. 그런데 아이는 쉽게 포기하지 않고 여러 차례 강아지를 키우고 싶다고 했고 엄마는 아이의 간절한 마음이 애처롭게 느껴졌다. 강아지를 데려오고 싶은 마음은 없었지만 아이를 달래고 싶은 마음에서 이렇게 말했다.

"영민아, 강아지를 데려오면 엄마는 너무 힘들 것 같거든. 엄마가 회사 일도 해야 하고 집안일도 해야 하는데 강아지 보살피는 일까지 하기는 너무 벅차단다."

엄마 말을 들으면서 뭔가 생각하는 아이에게 덧붙여 말했다.

"강아지도 집에 혼자 있으면 많이 외로울 거야. 너도 학교 가고 나면 강아지가 혼자 집에 있어야 할 시간이 많을 텐데. 그러면 강아지도 불쌍하고, 또 엄마가 강아지 목욕시키고 데리고 나가서 운동도 시켜야 하잖니?"

그렇게 말하고는 아이에게 생각할 시간을 주었다. 그랬더니 잠시 생각하던 아이가 입을 열었다.

"엄마, 그러면 강아지 대신에 금붕어 사주세요. 금붕어 먹이는 내가 알아서 줄게요."

아이가 그렇게 쉽게 강아지 사고 싶은 마음을 접고 금붕어로 대신할 줄 엄마는 상상도 못했다고 했다. 엄마는 너무나 홀가분한 마음으로 금붕어를 사주었고 아이는 금붕어를 예뻐하면서 신나게 돌본다고 했다. 아이를 믿고 아이를 존중하는 마음으로 의논했기 때문에 성공적인 해결을 한 것이다. 아이도 부모를 이해하고 싶고 부모를 돕고 싶은 마음이 있는 것이다.

아이들은 많은 능력을 갖고 태어났다. 아이의 잠재능력을 키워주는 것은 부모의 중요한 역할이다.

부모와 아이의 욕구가 대립할 때 해결책을 찾는 방법은 세 가지가 있다. 부모가 원하는 대로 하는 방법, 자녀가 원하는 대로 하는 방법, 부모와 자녀가 원하는 것을 의논해서 같이 만족하는 윈-윈(win-win) 방법이다. 부모가 민주적인 태도를 갖고 아이와 의논하려고 한다면 윈윈 할 수 있는 방법을 찾을 수 있을 것이다.

엄마도 쉬고 싶단다, 놀고 싶단다

아이들은 부모와 좋은 관계를 맺고 싶어 한다

한 광고에서 본 내용이다. 엄마가 신나게 줄넘기를 하고 있는 것을 본 아이가 "어! 엄마가 논다" 하고 신기하다는 듯 엄마에게 말했다. "왜 엄마는 놀면 안 돼?"라고 묻는 엄마에게 아이는 더 이상 어떤 말도 하지 않았다.

아이에게 엄마는 어른이다. 어른은 아이와 다르고 어른의 세계와 아이들의 세계는 다르다고 생각할 수 있다. 그런 아이의 눈에 아이들처럼 노는 엄마의 모습이 신기하고 이상하게 보일 수 있다. 부모는 아이를 이해하기 위한 노력과 함께 아이에게서 이해받기 위한 노력도 할 필요가 있다. 놀고 싶을 때도 있고, 쉬고 싶을 때도 있고, 혼자 조용히 생각하고 싶을 때도 있다는 것을 아이에게 알려주고 이해를 받을 필요가 있다. 무조건 참고 감추고 감당하는 것이 좋은 부모가 되는 길은 아니다. 그렇다고 어른이 아이처럼 행동하고 아이와 똑같아야 한다는 말도 아니다. 상황에 따라 필요한 경우에는 부모의 인간적인 모습을 솔직히 드러냄으로써 아이에게서 이해를 받을 수도 있고 나아가 더 친밀한 관계가 될 수도 있다.

광고에 나온 엄마의 말, "왜 엄마는 놀면 안 돼?"는 아이와의 좋은 의사소통이라고 할 수 없다. 엄마의 방어적인 태도를 드러낸 말이기 때문에 이 말을 들은 아이는 당황스럽거나 난처해질 수 있다. 개방적으로 마음을 터놓고 대화하기에 적절치 않은 반응이다. 마음이 열려 있는 엄마의 건강한 반응이라면 "엄마도 놀고 싶을 때가 있단다", "엄마도 노는 게 재미있구나", "그래, 엄마가 놀고 있단다" 등이 될 것이다. 쉬고 싶을 때는 "귀찮게 하지 마" 하기보다 "쉬고 싶다"고 얘기하자. 혼자 있고 싶을 때는 "저리 가라"고 하지 말고 "혼자 생각할 것이 있어"라고 하자.

부모가 부적절하게 말하는 것도 문제이거니와 할 말을 하지 못하고 지나치게 참는 것도 문제이기는 마찬가지다. 단지 참고 기다려서 행동이 수정될 수 있는 경우이거나 아이를 믿고 기다려줄 수 있는 문제에 대해서는 당연히 부모가 참는 것이 바람직하다. 그렇다고 많이 참아야 하고 많이 수용해야 하는 희생적인 부모가 좋은 부모라고 생각해서 바로 할 말을 하지 않는 것은 곤란하다. 어느 날 부작용으로 나타날 수밖에 없기 때문이다. 별것 아니라고 생각했던 사소한 일도 쌓이다 보면 큰 문제를 일으킨다. 부모가 의식적으로 계산하지는 않았지만 자신도 모르게 무의식의 작용으로 아이의 잘못을 하나씩 하나씩 마음에 새겨두게 된다.

그러던 어느 날 부모 자신이 감당할 수 있는 한계를 넘어서 부정적인 감정이 폭발하게 된다. 이렇게 되면 아이는 황당해진다. 지금까지 부모에게 이해받았다고 생각했던 것들이 갑자기 문제가 된 것이다. 전혀 예측하지 못했던 상황이기 때문이다. 마음 좋은 부모에게서 계속 이해받을 줄 알았다가 갑자기 준비도 안 된 상태에서 날벼락을 맞는 꼴이 된 것이다.

부모 입장도 곤란하기는 마찬가지다. 좋은 부모로 인정받고 싶었는데 체면이 말이 아니다. 그러니 차라리 힘들면 힘들다고 말하고 문제가 생겼으면 문제가 생겼다고 바로 말하자. 부모가 아이에게 도움을 요청할 때 아이는 부모를 도울 수 있고 부모가 아이를 존중하면 아이도 부모를 존중하는 방법을 배울 것이다.

'말 안 듣는 아이들은 없다'고 부모역할교육(PET) 프로그램을 개발한 토마스 고든(Thomas Gordon)은 말했다. 아이들은 부모 말을 안 들으려고 하는 것이 아니라 단지 자신의 욕구충족에 충실한 것이다. 아이들은 부모와 좋은 관계를 맺고 부모를 도와주고 싶은 마음을 갖고 있다.

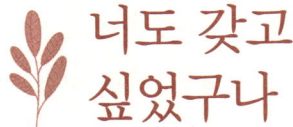 # 너도 갖고 싶었구나

부모의 첫 마디가 중요하다

아이가 공부를 잘하기 위해서는 그 어떤 방법보다 아이와 선생님의 관계가 좋도록 도와주는 것이 효과적이다. 일단 부모들은 자기가 학교 다닐 때의 경험을 되돌아볼 필요가 있다. 부모가 학교에 다녔을 때 선생님이 좋고, 선생님과의 관계가 좋으면 그 과목을 더 잘하고 싶고, 성적이 올랐을 것이다. 따라서 아이가 선생님을 좋아하고 선생님과 좋은 관계를 맺을 수 있도록 관심을 갖고 선생님과의 문제에도 잘 대처할 필요가 있다.

아이를 키우면서 부모도 그만큼 성장해간다. 첫 아이를 입학시킨 초보 학부모들은 자칫 실수를 한다. 특히 아이 말만 듣고 아이가 불이익을 당했다고 생각하는데, 아이들은 학교에서 있었던 일을 말할 때 흔히 자기중심적으로 설명하는 경향이 있다. 특히 억울했던 경험이거나 기분 상했던 일을 말할 때는 더욱 자기 입장에서 유리하도록 말한다. 부모를 자기편으로 만들어 동조를 받고 싶기 때문이다. 이때 아이의 마음을 알아주고 공감해주는 것은 꼭 필요하다.

그러나 아이를 수용하고 공감하는 것과 아이 편을 들어 선생님을 비난하고 원망하는 것은 다르다. 선생님을 원망하고 비난해서 아이가 선생님을 나쁜 사람으로 생각하게 하고 선생님과의 관계를 손상하는 것은 좋지 않다. 자녀를 한둘만 낳아서 키우는 부모 입장에서는 물론 아이가 소중하니 아이 편을 들 수 있다. 그러나 그것이 오히려 아이의 학교생활을 망치는 경우도 더러 있다.

한 엄마로부터 들은 얘기다. 이 엄마의 언니가 한 초등학교의 2학년 담임선생님이었다. 어느 날 선생님이 쉬는 시간에 옆 반 선생님에게서 과자를 받았는데, 먹고 싶지 않아서 별생각 없이 교사 책상 위에 놓아두었다고 한다. 그때 한 아이가 앞으로 나와서 과자를 달라고 해서 그 아이에게 주었다. 물론 특별한 의미도 없었고 문제가 될 줄은 몰랐다. 그런데 다음날 한 아이의 어머니가 담임선생님을 찾아와 대뜸 "선생님은 왜 00만 좋아해요?"라고 따졌다. 영문을 몰라 당황한 선생님에게 그 어머니는 다음과 같은 말을 쏟아냈다.

"우리 애는 과자 달라고 해도 주지 않고 00한테만 주셨다면서요? 선생님이 그러시면 안 되죠. 그건 편애하는 거잖아요."

사실과 달랐지만 그 말을 듣는 선생님도 마음이 불편해져서 좋은 말이 나올 수 없었다. 그래서 대답했다.

"어머니, 잘 알지도 못하시고 그러시면 안 되죠. 제가 무슨 편애를 했다고 그러세요."

결국 선생님에게 거부당한 어머니는 선생님 말을 끝까지 듣지도 않고 교장실로 찾아가 항의를 했다. 그리고 교장선생님에게 호출을 당한 선생님은 자초지종을 설명해서 이해를 받았지만 억울한 마음은 풀리지 않았다.

결국 선생님은 반 아이들 모두를 대상으로, 어제 있었던 일을 그 학부모의 아들과 함께 확인했다. 00 외에는 누구도 과자를 달라고 선생님에게 말하지 않았다는 것을 말이다. 결과적으로 그 어머니의 분별없는 행동은 아들의 입장을 난처하게 만들고 말았다. 즉 아이와 선생님의 관계를 불편하게 만든 것이다.

아이는 엄마에게 거짓말을 한 것이 반 아이들 앞에서 공개된 만큼 상처를 입었을 것이다. 또한 이 어머니는 결과에 대한 책임을 아이에게 돌릴 수도 있다. 아이가 거짓말을 해서 선생님에게 항의할 수밖에 없었다고 생각할 수도 있다.

그러나 아이가 거짓말을 하게 되는 원인은 대개 부모에게 있다. 사실대로 말하면 야단맞을 것 같아서, 또 거짓말을 하는 것이 자신에게 유리하다고 생각돼서 그러는 것이다. 때로는 아이들은 부모의 태도나 반응을 통해 사실 혹은 거짓을 선택하게 된다.

이 어머니와 아이의 대화가 어떻게 시작됐을지 짐작해보자.

"엄마. 우리 선생님이 00만 과자 줬어."

아마 아이는 학교에서 말을 못 했지만 부러운 마음이 들어 엄마에게 말했을 것이다.

"너도 달라고 하지. 왜 말 안 했어?"

엄마가 추궁하게 되면 아이는 자신을 방어하기 위해서 거짓말을 할 수밖에 없다.

"나도 말했어."

"아니, 그런데도 넌 안 줬다고?"

이렇게 대화가 빗나가면서 거짓말을 수습하기 곤란한 상황이 되었을 것이다. 그리고 그 결과는 후회만 남기고 끝났다.

만일 아이가 친구에 대한 부러움을 표출할 때 엄마가 "너도 선생님한테 과자를 받고 싶었구나"라고 했다면 아무 문제도 없었을 것이다. 아이는 거짓말을 할 필요도 없었을 것이고 대화도 순리대로 풀렸을 것이다.

어떤 대화에서든 첫 한 마디가 중요하다. 시작이 잘못되면 결과도 어긋날 수밖에 없다. 부모의 첫 반응이 첫 단추가 되는 것이다. 눈에 보이는 대로 손에 잡히는 대로 생각 없이 첫 단추를 끼울 것인가, 아니면 단추와 단춧구멍을 살피고 맞춰서 첫 단추를 끼울 것인가의 차이다.

엄마는 언제나 네 편이란다

항상 내 편이라는 믿음이 중요하다

　유선방송에서 방영하는 '오프라 윈프리 쇼'에서 본 내용이다. 미국의 고등학교 학생들에 관한 연구 보고(The highschool challenge)에 의하면 대부분의 학생이 "외롭다"고 느끼는 것으로 나타났다. 예를 들면 여학생들은 여자라는 이유만으로 놀림을 당한 경험이 있었고, 남자는 울면 안 된다고 강요당했다고 한다. 특히 어른들이 학생에게 어른스러움을 기대하는 것이 힘들었다고 했다.

　이는 비단 미국 고등학생들만의 문제가 아닐 것이다. 어쩌면 우리나라 학생들은 아마 훨씬 더할지 모른다. 우리나라보다 남녀평등에서 앞선 미국에서도 단지 여자라거나 남자라는 이유로 불편하고 억울한 경험을 하고 있는 것이다. 남자든 여자든, 아이든 어른이든, 누구든 외롭지 않은 사람은 없다. 또 각자의 입장에서 힘들다고 생각할 것이다.

　사람들은 본질적으로 자기중심적이다. 자기 관점에서 생각하고 자기 관점에서 느낄 수밖에 없다. 그래서 다른 사람을 배려하고 다른 사람 입장이 되어보는 것은 배우고 훈련하지 않으면 습득이 안 된다. 아니 많이 배우고 많이 훈련해도 완벽하게 다른 사람 입장이 되는 것은 불가능하다. 좀 더 많이 배려하고 좀 더 많이 공감하는 정도만 가능할 뿐이다.

다른 사람의 입장에 서 보는 것이 얼마나 어려운 것인가를 다음 사례를 통해서 생각해보자. 서울 강남에 사는 초등학교 2학년 아이 엄마의 경험이다.

그 엄마는 교육에 관심이 많고, 좋은 부모가 되고 싶은 욕구도 강한 사람이었다. 그리고 부모역할을 잘하기 위해 꾸준히 공부를 하는 과정에서 아이와 대화를 많이 하게 되었고 아이의 학교생활에 대해서도 알게 되었다. 그런데 아이는 담임선생님에 대한 불만을 자주 이야기했다. 담임은 교사경력이 꽤 많은 40대 초반의 미혼 남자 선생님이었는데, 가벼운 욕설이 포함된 거친 말투나 무시하는 것 같은 말투를 쓰고 있었다. 그럴 뿐만 아니라 손버릇 비슷한 체벌을 하기도 했다.

특히 아이가 견디기 힘들어 하는 것은 머리를 주먹으로 쥐어박고 얼굴을 때리는 것이었다. 목 위는 자존심이기 때문에 누구에게도 목 위를 맞는 것은 부당하다고 생각해왔던 그 엄마로서는 선생님의 행동을 용납할 수 없었다. 또한 아이의 인격을 존중해야 한다고 생각해왔던 만큼 선생님의 말투도 문제로 느껴졌다. 아이의 자존감에 손상을 입히고 부정적인 자아상을 만들 수도 있다는 염려 때문이었다.

그 엄마는 일단 아이가 선생님 때문에 기분 상했던 내용을 말하면 아이의 감정을 충분히 수용하고 공감해주었다. "그래서, 싫었구나",

"선생님 말씀에 기분이 나빴구나", "그래서 화가 났겠네"라고 터놓고 말함으로써 아이의 감정은 정화되었다. 문제는 선생님의 행동이 바뀌지 않았다는 점이었다.

결국 그 엄마는 다른 아이의 어머니 몇 사람과 의논을 했지만 대개는 심각한 문제로 받아들이지 않았고, 다소 문제라고 느끼기는 해도 선생님에게 불편한 말을 하고 싶어 하지 않았다. 결국 그 엄마는 자신이 고양이 목에 방울을 다는 심정으로 선생님을 만나기로 마음먹었다. 지금까지 공부한 의사소통의 실력을 발휘해서 대화내용을 준비하고 연습한 다음 선생님을 만났다.

일단 엄마는 항의하거나 추궁하지 않고, 잘못을 지적하지도 않고, 아이와 자신이 느끼는 불편한 감정을 전달했다. 선생님이 언짢아지지 않도록 최대한 배려하면서 말한 것은 물론이다. 예를 들면 "머리를 맞고 온 날은 아이가 많이 침울해해요", "선생님에게 맞을 때 기분이 많이 나쁘다고 해요", "멍청이, 바보라는 말을 들으면 싫다고 하네요" 등으로 선생님이 했던 말이나 행동을 주관적인 해석 없이 구체적으로 사실대로 말했다.

어머니의 말을 듣고 선생님은 사실을 인정했다. 하지만 자신의 행동이나 말 때문에 아이와 부모가 싫어하고 속상해할 것이라고는 생각하지 못했다고 했다. 교직생활을 20년 가까이하며 하던 말투와 행동이었는데 누구도 문제를 알려주지 않았다는 것이다. 그리고 자신은 아이들이 귀여우니까 툭툭 치고 얼굴을 꼬집기도 하고 머리를 쥐어박기도 했다는 것이다. 또 자신의 말투에 문제가 있다는 생각은 하지도 못했고 아이들이 듣기 싫어하는 말이 어떤 종류인지도 잘 몰랐다고 했다. 그러면서 그 엄마에게 진심을 고맙다고 했다. 문제를 삼을 수도 있는 일을 친절하게 알려줘서 도움이 되었고, 앞으로 교직생활을 더 잘할 수 있을 것 같다고도 했다. 어머니도 선생님과의 성공적인 대화에 만족스러워했다.

교사가 어떻게 행동하고 어떻게 말해야 하는가에 대한 절대적인 기준은 없다. 많은 부분에서 사람들은 서로 다른 기준을 갖고 자기 나름대로 판단한다. 따라서 섣불리 맞고 틀리고를 따지기보다는, 서로 다른 점을 대화하고 의논해서 조율하고 화합하는 관계를 만드는 것이 좋다. 그리고 아이에게는 어떤 일이 생겨도 든든한 지지자가 되어주자. "엄마는 언제나 네 편이란다"라고 말해주면 아이는 덜 외롭고 덜 힘들 것이다.

삶에서 언제나, 항상 내 편이라는 믿음을 주는 사람이 있다는 것은 소중한 일이다. 믿음을 주기 위해서는 충분히 표현해야 한다.

지빈이가 학교 가기 싫구나

엄마가 도우면 선생님에 대한 부정적인 감정이 사라진다

초등학교 2학년 지빈이와 누나는 스케이트 수업을 마치고 엄마 차를 타고 집에 가고 있었다. 차가 출발하자 뒷좌석에 탄 지빈이는 뜬금없이 "엄마! 나 이제 학교 가기 싫어요!"라고 말했다.

부모역할교육을 받기 전이었다면 갑작스러운 아이의 말에 엄마가 당황했거나 걱정부터 했겠지만 비슷한 사례에 대해 이미 익숙하게 공부를 해왔으므로 여유 있게 대답할 수 있었다.

한편으로는 '공부한 것을 드디어 쓸 수 있게 되었구나'라는 생각을 하면서 공감하는 목소리로 "어머나, 우리 지빈이가 학교 가기 싫구나"라고 아이 말을 따라 하는 수준으로 수용하는 말을 했다. 엄마에게 공감, 이해받은 아이는 묻지 않았는데도 엄마에게 신나게 다음 말을 이어 갔다.

"선생님께서 오늘 내가 잘못했다고 칭찬스티커를 하나만 떼면 될 걸 두 개나 떼 가셨어요. 정말 너무 화가 났어요. 그래서 내 눈에서 확

불이 나올 뻔했다니까요, 엄마."

　운전 중인 엄마는 거울로 아이가 손동작까지 아주 실감 나게, 눈에서 불이 나오는 것을 표현하면서 이야기하는 모습을 볼 수 있었다. 아이의 실감 나는 표현을 재미있어 할 만큼 엄마는 마음에 여유를 갖고 다음 말을 했다.

　"선생님께서 스티커를 두 개나 떼셨구나. 많이 억울했겠네. 그래서 지빈이 눈에서 불이 확 나올 뻔할 만큼 화가 많이 났던 거구나"라고 아이의 마음을 충분히 읽어주었다. 그러자 아이는 "어, 엄마"라고 대답하고는 아주 심각한 표정으로 "그래서 나 내일 개학하려고"라고 하는 게 아닌가. 동생이 방학을 개학이라고 잘못 말하자 누나는 웃음을 참지 못하고 "개학이 아니고 방학이지"라고 바로 수정했다. 동생도 자신의 실수가 오히려 재미있는 듯 따라서 웃음보가 터졌다. 어느새 아이는 심각한 문제가 사라지고 기분 나빴던 마음이 다 풀린 듯 아무렇지도 않게 누나랑 깔깔대며 놀고 있었다.

　엄마는 선생님이 스티커를 뗀 이유가 궁금해서 물어보고 싶었지만 조급해할 이유가 없다는 생각에 좀 미루기로 했다. 아이가 부담 없이 말하고 싶어질 때까지 기다리는 것이 좋겠다는 생각이 들었다. 또한 아이들의 즐거운 분위기를 방해하고 싶지 않았다.

　부모역할교육 횟수가 늘어나면서 아이들 일에 조급해하지 않고 기다릴 수 있는 여유도 늘어갔다. 그날 저녁 잠자기 전에 함께 누워서 궁금했던 것을 아이에게 물어보았다. 그랬더니 아이는 더 이상 속상한 문제가 아닌 듯 학교에서 있었던 일을 편안하게 말했다. 과학시간에 선생님 몰래 다른 것을 만졌다가 지적받았다고 했다. 아이는 자신의 잘못을 이미 인정하고 있었다.

다음 날 아침에 방과 후 시간에 먹으라고 사탕 몇 개를 줬더니 "엄마, 이거 우리 선생님도 드리고 싶어요"라고 하며 아이는 웃었다. 어제 학교에 가기 싫다고 했던 일은 다 잊어버린 것 같은 아이의 태도가 신기하고 기뻤다.

사람은 누구나 감정이 차오른 상태에서는 이성이 맥을 못 추고 제 역할을 할 수 없게 된다. 바른 생각을 하고 바른 판단을 하게 하기 위해서는 먼저 감정의 홍수를 조절해서 이성적인 사고를 할 힘을 키워줄 필요가 있다. 감정의 홍수 상태에서 평온한 감정, 평상심을 갖는 상태가 되도록 도와주는 가장 좋은 방법은 판단해서 가르치고 해결해주는 것이 아니라 그냥 있는 그대로 상대의 상태나 상황을 수용하고 공감해주는 방법이다.

지빈이 엄마가 한 말, "학교에 가기 싫구나"와 "화가 많이 났던 거구나"는 수용하고 공감하는 말로 지빈이를 감정의 홍수상태에서 이성적인 사고를 할 수 있는 상태가 되도록 도와준 말이다.

지빈이는 엄마의 도움으로 선생님에 대한 부정적인 감정(화)이 사라졌고 자신의 잘못한 행동을 솔직하게 터놓고 말할 수 있었을 뿐 아니라 선생님과 더 좋은 친밀한 관계를 갖고 싶은 마음도 저절로 우러난 것이다.

끊임없이 집안일을 할 생각을 하니 힘드네

아이가 셋이라 행복도 3배

여름을 지나 가을을 맞으며 대대적으로 옷장 정리를 해야 하는 날이었다. 아이가 셋, 10살, 7살, 5살이다. 가족이 5명이다 보니 옷장 정리를 하는 일도 만만치 않다. 아침에 아이 셋을 학교와 유치원으로 보낸 뒤에 아이 방, 안방 옷장을 모두 뒤집어서 공간박스에 넣을 옷, 작아서 남에게 줄 옷, 추운 겨울에 입어야 할 옷을 분류하는 일을 시작했다. 점심을 먹고 하교하는 큰아이에게 간식을 챙겨주고 숙제를 봐주고 다시 옷장 정리를 했다. 뒤이어 둘째아이가 유치원에서 돌아와 놀이터에서 놀아주고, 마지막으로 막내가 하원, 씻기고 저녁을 준비해서 먹은 다음 남은 옷 정리를 마치고 나니 벌써 저녁 7시.

거실은 아이들이 색종이로 무언가를 만들며 가위질을 해댄 흔적들이 여기저기 흩어져 어지럽게 널려 있고, 읽다 만 책들과 장난감들은 여기저기 바닥에 흩어져 있고, 부엌에는 설거지거리가 쌓여 있었다. 아침부터 시작한 집안일이 저녁 7시에도 끝이 보이지 않아 한숨이 절로 나왔다. 거실을 치우자니 피곤함이 밀려올 것 같고, 또 아이들이 어질러놓은 것들을 치우다 보면 아이들에게 짜증을 낼 것 같았다. 설거지조차 하기 싫어졌다.

"엄마가 하루 종일 옷장 정리하느라 힘들고 지쳐서 부엌 설거지랑 거실 청소까지 할 생각을 하니 무척 힘드네"라고 아이들에게 말했다. 엄마는 지친 기분을 환기시키고 싶고 끝이 없는 집안일에서 잠깐이라도 빠져 나오고 싶어서 "엄마 잠깐 슈퍼에 우유 사러 갔다 올게. 15분 정도 걸릴 거야. 혹시라도 무슨 일 있으면 엄마한테 전화해"라고 큰아이에게 말하고 집을 나섰다. 슈퍼에 들렀다가 돌아오는 길에 큰아이의 전화를 받았다.

"엄마, 조금만 더 있다가 들어오시면 안 돼요?"

"왜?"

"응. 우리가 뭘 하고 있어서 엄마가 조금만 있다가 오시면 좋겠어요."

"응, 알았어. 그럼 15분 더 있다가 들어갈게."

내심 뭘 하느라 그러지 하는 궁금함이 있었지만 한편으로는 딸아이가 준 15분이라는 추가 시간이 고마웠다. 그 시간 동안 아파트 주차장에 세워둔 차 안에서 쉴 수 있었다. 집안일에서 잠깐 빠져 나왔고 아이들과도 잠시 떨어져 쉬는 동안 아이들을 다시 기분 좋게 대할 마음의 여유가 조금 생긴 것 같았다.

15분이 더 지나고 집으로 들어갔다. 현관 앞에서 세 아이가 뛰어 나오며 "엄마!"를 동시에 외쳤다. 아이들의 뒤로 보이는 거실이 너무 깨끗했다.

"어머! 이게 무슨 일이야? 거실이 너무 깨끗해졌네. 이거 너희가 청소한 거야?"

아이들은 신나서 합창하듯 소리쳤다.

"네. 설거지도 했어요!"

큰아이는 아쉬운 표정으로 말했다.

"엄마, 시간이 조금 부족해서 완벽하게 치우지 못했어요."

"아니야. 지금도 너무 깨끗해. 엄마가 완전 감동했어. 오늘 옷장 정리 하느라 많이 힘들었는데 너희 덕분에 엄마는 피로가 다 사라지는 거 같아 너무 고마워."

엄마는 아이들이 치운 거실을 보니 하루의 피로가 다 가시는 것 같았다.

큰아이가 설거지, 둘째아이는 책상 청소, 셋째는 바닥 청소 이렇게 일을 나눠서 했다는 것이다.

'아이가 셋이라서 어지럽히는 것도 정말 순식간인데 셋이라서 치우는 것도 정말 빠르구나'라는 생각을 했다. 아이가 셋이라서 3배로 힘들다고 느낀 순간이 많았는데, 셋이라 3배로 행복한 것도 사실이다. 아이 셋이서 만들어낸 오늘 저녁의 합동작업은 잊지 못할 행복이었다.

'말 안 듣는 아이들은 없다'고 '효과적인 부모역할교육(PET)' 프로그램을 창안한 토마스 고든은 말했다. 아이들이 부모의 말을 안 들으려고 하는 것이 아니고 아이들 자신의 욕구를 충족시키려고 하는 것이다.

아이들은 자신의 욕구충족에 방해를 받지 않으면 부모가 바라는 좋은 행동을 할 수 있고, 하고 싶어 하기도 한다. 그러니 아이들이 좋은 행동을 할 수 있도록 부모가 기회를 주기만 하면 된다.

위 사례의 엄마는 힘든 상황에서 솔직하게 힘들다고 말해서 아이들의 도움을 받았다. 아이들에게 좋은 행동을 할 수 있는 기회를 엄마가 주었기 때문에 아이들이 설거지, 청소를 해서 엄마는 도움을 받게 된 것이다. 그리고 아이들이 좋은 행동을 했을 때 단순히 잘했다고 칭찬하는 것보다 엄마의 긍정적인 마음을 전하는 칭찬은 아이들의 좋은 행동을 강화시켜서 더욱 좋은 행동을 하고 싶게 하는 효과가 있다.

피아노 치는 걸 들으면 기분이 좋고 행복해져!

긍정적인 '나-전달'은 아이의 바람직한 행동을 강화한다

초등학교 2학년 아들 어진이는 피아노 치는 것을 좋아해서 집에서 연습을 자주하는 편이다. 새로운 곡을 배워 연습을 하던 날이었다. 엄마가 옆에 앉아 피아노 치는 걸 보고 있는데 박자가 계속 빨라지고 자꾸 틀리기에 "어진아! 좀 차분하게 박자 맞춰서 해봐. 좀 빠른 것 같아!"라고 했더니 "엄마! 엄마는 연습도 안 하고 잘 칠 수 있어요?"라며 화가 난 듯 반문을 했다.

평소 같았으면 엄마한테 무슨 말버릇이냐며 발끈했을 텐데 그날은 나무라지 않고 아이 입장에서 잠깐 생각해보았다. 그랬더니 피아노를 잘 치려고 열심히 연습하는 아이에게 성급한 마음으로 채근한 것 같았다. 잠시 시간이 흐른 후 한 곡을 연습한 아이가 먼저 입을 열었다.

"엄마! 아까는 내가 화낸 게 아니고 새로운 곡이라 연습 중인데 엄마가 잘 치라고 하는 줄 알고 그랬어요."

아이는 조금 전 엄마에게 쌀쌀맞게 군 자신의 태도가 마음에 걸렸

던가 보다. 솔직히 말해주는 아이가 기특해서 아이 마음을 읽어주는 말을 할 수 있었다.

"어진이가 화내서 엄마가 속상했을 거라고 생각했구나."

아이는 안심한 듯 "네, 엄마"라고 대답했다.

엄마는 얼마 전 부모역할교육 수업시간에 적어두었던 '긍정적인 나-전달법'이 생각났다. 아이의 피아노 치는 것에 대한 내용이었다.

"엄마는 어진이가 피아노 치는 걸 들으면 기분이 좋아지고 마음이 행복해져!"라고 말했다. 아이는 기분 좋게 "그래요?"라고 하더니 엄마가 좋아하는 곡을 여러 번 연주했다. 그러더니 "엄마! 연습을 여러 번 하니까 훨씬 나아진 것 같아요"라고 했다.

위의 사례에서 엄마가 변화된 것은 아이에게 말하기 전에 잠깐 멈추고 생각해보는 여유를 가진 점이다. 작은 변화가 큰 변화를 가져오듯 엄마의 행동이 바뀌면 아이의 행동도 바뀌는 것은 순리다. 그런데 변화는 저절로 오는 것이 아니라 의지를 갖고 노력할 때 가능하다. 또 변화는 불편하기도 하고, 혼란스럽고, 귀찮고, 번거로울 수도 있다. 그렇지만 성장하고 발전하기 위해서는 변화를 시도해야 한다. 왜냐하면 변화 없이 성장과 발전은 없기 때문이다.

위의 내용에 나오는 '긍정적인 나-전달법'에 대해 생각해보자. '긍정적인 나-전달법'이란, 칭찬을 '나-전달법(I-message)'으로 하는 방법이다. 흔히 일반적으로 하는 칭찬은 '너-전달법(You-message)'이다. '너-전달법'은 '너'를 주어로 말하는 방법이고, '나-전달법'은 '나'를 주어로 말하는 방법이다.

칭찬할 수 있는 상황일 때의 예를 들어보자. "너는 착한 아이다", "너는 똑똑하다", "넌 재주가 많다"고 말하면 '너-전달법'이고, "나는 기쁘다", "나는 행복하다", "내 마음이 흐뭇하다"라고 하면 '나-전달법'이다.

'너-전달법'으로 하는 칭찬은 수직적인 인간관계에서 윗사람이 아랫사람에게 평가하는 방법으로 말하기 때문에 남용하면 아이에게 부담을 주는 등의 여러 가지 문제가 생길 수 있다. 그런가 하면 '긍정적인 나-전달법'으로 하는 칭찬은 인간관계에서 인격적으로 상호 존중하면서 말하기 때문에 좋은 관계를 유지하는 방법이다. 뿐만 아니라 아이의 행동에 대한 솔직한 나의 감정이나 생각을 알려주므로 서로 더 잘 알 수 있게 되고 친밀한 관계가 이루어질 수 있다. 그렇게 되면 아이는 자발적으로 바람직한 행동을 하게 되어 아이의 좋은 행동이 강화되는 효과가 있다.

Chapter 3
초등 고학년을 위한 엄마 말 한마디

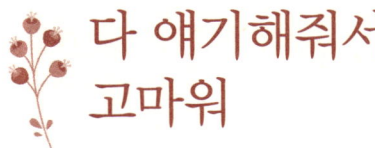
다 얘기해줘서 고마워

아이를 믿는 부모는 건강한 부모다

"우리 아이가 자전거를 잘 타는 줄 꿈에도 몰랐어요. 두 달 전만 해도 상상할 수 없었던 일이거든요."

5학년 아들 민규에 대해 몰랐던 사실을 알게 된 엄마의 말이었다.

두 달 전 부모역할교육을 받기 시작할 때 아들이 자전거 타는 것은 금지된 일이라고 말했다. 자전거를 사준 적도 없고 빌려 타는 것도 못하게 했다고 말했다. 지금 사는 아파트 단지는 특히 자전거 타기에 좋은 환경이어서 아이의 친구들이나 다른 아이들은 자전거를 잘 탔다. 그렇지만 엄마는 아이에게 철저히 자전거 타기를 금지했다. 자전거 타기는 절대로 허용할 수 없는 일이었다. 자전거를 타겠다고 한 번도 주장한 적이 없었던 아들이었기에 엄마 마음을 잘 이해한다고만 믿어 왔다.

엄마에게는 그럴 수밖에 없는 특별한 사연이 있었다. 아들이 어렸을 때 큰아이를 자전거 사고로 잃는 불행을 겪었다. 그래서 아이는 어려서부터 자전거를 가까이할 수 없도록 금지당한 채 커왔다. 그 이후 딸아이를 출산해서 현재 5살인데 딸아이에게도 자전거 타기는 금지사항이다.

아이가 자라면서 혼자 자전거를 탈 수 있는 나이가 되면 위험하지 않은 곳에서는 자전거 타기를 수용하는 것이 일반적인 부모의 태도다. 그렇지만 부모가 개인적으로 어떤 경험을 하고 살아왔는가에 따라 비수용적인 태도를 가질 수도 있다. 그러면 아이는 부모의 선택을 받아들일 수밖에 없고 자신의 의지와 상관없이 행동에 제약을 받게 된다. 민규 엄마로서는 당연하다고 생각한 선택이 민규에게는 부당한 제약이 될 수 있다.

엄마는 의사소통법을 공부하면서 아이와의 대화가 많아졌고 여러 가지를 아이의 입장에서 생각할 수 있는 여유가 생겼다. 그러던 어느 날 아이는 뜻밖의 얘기를 했다.

"엄마. 앞으로도 내가 자전거를 타면 절대로 안 된다고 생각해요?"
"글쎄, 엄마 생각이 궁금하니? 자전거를 타고 싶은가 보구나."
"내가 타고 싶다면 엄마는 허락할 수 있어요?"
"실은 위험하니까 마음이 안 놓여."
"엄마, 사실은 나 자전거 잘 탈 수 있어요."

엄마에게 이해받을 수 있다는 자신이 생긴 듯 아이는 자전거에 얽힌 여러 가지 얘기를 고백했다. 친구 자전거를 빌려 타기도 하고 가게에서 돈을 주고 빌려 타기도 해서 다른 친구들처럼 잘 탄다고 했다. 엄마 몰래 자전거를 타면서 혹시 틀킬까 봐 조마조마했다는 얘기도 털어놓았다. 아이 이야기를 들으면서 엄마를 속여왔다는 괘씸한 생각보다 그동안 숨겨오느라 불편했을 아이 마음이 안쓰러워서 아이에게 미안한 마음이 더 컸다.

"엄마. 이제 다 얘기하고 나니까 속이 시원해요."

"그래. 지금껏 마음 졸였겠구나. 다 얘기해줘서 고마워."

예전에 겪었던 엄마 마음속의 충격과 상처는 다행히 치유되어 있었다. 그뿐 아니라 과거의 아픈 경험에서 해방되어 건강한 엄마가 돼 있었다.

아이의 행동을 수용할 것인가, 수용하지 않을 것인가는 부모의 선택이다. 아이를 믿는 마음이 크면 수용을 많이 하게 되고 못 믿는 마음이 크면 수용하지 않게 된다. 그러므로 수용을 많이 하는 부모, 즉 수용적인 부모가 좋은 부모다. 좋은 부모가 되기 위해서 아이의 행동을 많이 수용하는 것과 무절제하게 허용하는 것은 다르다. 중요한 것은 분별력을 갖고 수용할 것과 수용하지 않을 것을 구별하는 일이다.

부모 자신의 경험과 기준에만 얽매이지 말고 아이 입장에서 생각해볼 수 있는 여유를 갖는 것은 바람직하다. 그렇지만 다른 사람에게 피해를 주거나 법규를 어기는 행동은 물론, 아이 스스로에게 위험한 행동은 수용할 수 없다.

아이는 부모가 믿는 만큼 성장하고, 건강한 부모는 아이를 믿는다. 비합리적인 신념이나 편견에서 자유로운 부모는 건강한 부모다.

 # 엄마가 꾸중할까 봐 걱정했구나

좋은 부모가 되려면 역지사지할 수 있어야 한다

4학년인 큰애가 3살 난 막냇동생을 다그치고 있었다.

"야! 왜 울어? 빨리 안 그쳐? 내가 안 때렸잖아. 형이 안 때렸다고 빨리 말해."

형 옆을 지나던 동생이 거실에 놓여 있는 가구 모서리에 부딪혀 주저앉으면서 울었고, 형은 우는 동생이 못마땅해서 머리를 쥐어박으면서 소리치고 있었다.

엄마는 안방에서 열린 문으로 그 모습을 처음부터 지켜보고 있었다. 큰형이 막냇동생을 보살피고 달래줘야 할 텐데 그러진 못할망정 야단치고 쥐어박아 더 울리고 있다니? 분명 큰애가 잘못하고 있었다.

예전 같으면 엄마는 당연히 큰애를 나무랐을 것이다. 뭐라고 말도 못하고 물끄러미 큰애를 보고 있던 엄마는 가슴이 아팠다. 그동안 얼마나 큰애를 억울하게 해왔을까? 엄마는 문제만 생기면 큰애 탓으로 생각하고 몰아세웠던 일들이 너무 미안했다. 큰애의 행동은 자기방어를 위한 공격이었다. 동생이 옆에서 울면 자기 탓으로 돌려질 게 뻔하고 엄마에게 혼날 거라고 생각했을 테니까. 억울하게 혼나지 않기 위해 자기방어가 필요했고 보다 적극적인 방어를 위해 공격적인 행동을 할 수밖에 없다고 여겨졌다.

사실 큰애는 어렸을 때 참 똑똑하고 영리했다. 그래서 엄마는 큰애에게 거는 기대가 컸고 교육도 나름대로 열심히 시켰다. 동화책도 많이 읽히고 위인전도 많이 읽혔다. 밑으로 여동생과 막내 남동생이 태어나면서 엄마는 의젓한 맏이 역할까지 큰애에게 요구했다. 엄마의 큰 기대가 부담스러워진 아이는 언젠가부터 말썽을 부리기 시작했다. 학교에 입학한 후에는 장난이 심해지고 다른 아이를 괴롭히는 일이 잦아지더니 수업시간에도 딴짓을 했고 공부에 대한 흥미도 잃어갔다.

엄마는 아이를 잘 키워야겠다는 의무감으로 아이의 잘못을 지적하고 타이르고 벌씌우곤 했다. 그런데 아이의 문제행동은 줄어들지 않고 오히려 다양한 형태로 나타났다. 아이의 말썽이 심해지면서 엄마, 아빠뿐 아니라 주위 사람들의 질책도 늘어났다. 얼마 전까지만 해도 엄마는 아이의 잘못된 행동을 고쳐주기 위해서 훈계하고 타이르고 벌 세우는 것이 최선의 방법이라도 생각했다.

그런데 아이는 엄마가 타이르면 엄마 앞에서 '잘못했다'며 '다시는 안 그러겠다'고 했고 엄마가 무섭게 벌을 세우면 두 손으로 싹싹 용서를 빌었다. 그럴 때마다 엄마는 아이가 한 약속을 지켜주리라 믿고 싶었고 문제행동을 하지 않기를 기대했다. 그렇지만 아이는 번번이 엄마를 실망시켰고 엄마는 자신이 할 수 있는 방법에 한계를 느꼈다.

아이를 방치할 수도, 훈육할 수도 없는 상황에서 엄마는 새로운 방법을 찾기 위해 부모역할교육을 받기 시작했다. 아이의 문제행동이 아이 탓이라고만 여기고 고쳐줘야 한다는 생각이 잘못되었음을 깨닫게 되었을 때쯤 어느 날이었다. 울고 있는 막내보다 큰애가 더 애처롭게 느껴졌다. 자기편은 한 사람도 없다고 느끼고 살아가려니 얼마나 힘들었을까 싶었다. 엄마는 큰애 가까이 다가가서 말했다.

"진수야, 엄마가 야단칠까 봐 걱정했구나."

의외의 엄마 말에 아이는 아무 말도 하지 못했다.

"네가 동생 때렸다고 엄마가 혼낼 줄 알았지? 엄마가 방에서 다 봤어. 네가 안 때린 거 알아. 윤수가 혼자 부딪쳤잖아."

아이의 얼굴에 안도하는 기색이 나타났다. 그리고 엄마는 막내를 달랬다.

역지사지(易地思之), 참 좋은 말이다. 입장 바꿔 생각해보라고 많은 사람들이 쉽게 말한다. 그런데 실제로 입장 바꿔 생각해보는 것은 쉽지 않다. 다시 말하면 '입장 바꿔 생각해보기'를 머리로는 다 안다. 머리가 아는 것을 가슴으로 느끼고 삶에서 깨닫는 것은 누구나 하는 것이 아니다. 또 가슴으로 깨닫고 느꼈다 할지라도 삶의 현장에서 실천하는 것은 더욱 어렵다.

많은 사람들은 입장 바꿔 생각해보라고 다른 사람에게 요구하지만 정작 자신은 다른 사람의 입장을 자신의 처지로 바꿔 생각해보려고 하지 않는다. '역지사지'는 누구나 아무 때나 할 수 있는 것이 아니다. 마음의 여유를 가진 사람이 상황을 받아들일 수 있을 때 비로소 할 수 있는 능력이다. '역지사지'는 바로 공감능력이고 공감능력은 인간관계를 좋게 하는 열쇠가 될 수 있다. 좋은 부모가 된다는 것 또한 아이와의 인간관계를 좋게 맺는 것에서 시작될 수 있다.

　진수 엄마의 '좋은 엄마 되기'는 그렇게 시작됐다. 엄마가 아이 입장에서 생각하고 느끼고 받아들이면서 차츰 아이는 변해갔다.

엄마는 매를 버리고 대화를 하고 싶단다
매를 들어야 할까? 말아야 할까?

　초등학교 4학년, 2학년 두 아들을 둔 엄마는 집 안에 매를 두고 살아왔다. 말만으로는 두 아이를 감당할 수가 없어서 매의 힘을 빌려왔던 것이다. 엄마는 부모역할교육을 받기 시작한 후 매에 의존하지 않으리라 결심을 하고 매를 버리기로 했다. 그래서 두 아이에게 엄마의 결심을 알리고 매를 버렸다.
　엄마는 아이들과 대화로 문제를 해결하고 가능한 한 아이들을 이해하고 수용하기 위해 노력했다. 그러기를 일주일쯤 지났을 때 하루는 아이들이 다니는 피아노학원에서 전화가 왔다. 학원에 오지 않았는데 무슨 일이 있냐고 하는 것이었다.
　학원에 간다고 나가서 놀다 온 아이들에게 거짓말을 한 이유를 물어봤다. 작은아이가 말했다.
　"엄마, 나는 간다고 했는데 형이 안 가도 된다고 했어."
　큰애에게 다시 물어봤다.

"왜 안 가기로 했어?"

아무 말도 못 하고 있는 큰애 대신에 작은애가 말했다.

"우리 집에 회초리 없잖아. 엄마가 버렸으니까 이제 맞을 일도 없고 엄마가 착해졌으니까 괜찮다고 형이 그랬어."

아이 말에 엄마는 어이가 없고 기가 막혔다.

"엄마, 잘못했어요. 이제 거짓말을 안 할게요."

큰애가 잘못을 인정했지만 엄마는 매 없이 계속 버틸 수 있을까 걱정이 되었다.

위 사례의 엄마처럼 아이가 잘못했을 때 매를 들어야 할까 말아야 할까로 혼란스러워하는 부모가 많다. 매를 들게 되면 분명 단박에 효과는 있다. 그러나 매는 또 매를 부르기 때문에 점점 더 세어지는 부작용이 생기고 언젠가는 매도 통하지 않는 상황에 부딪칠 수밖에 없다.

'매'의 교육적인 효과에 대해서는 동서고금을 막론하고 찬반의 의견이 있어 왔다. 매를 드는 것도 안 드는 것도 어느 쪽이 맞다, 틀렸다고 단정적으로 말할 수는 없다. 매를 들든 들지 않든 중요한 것은 부모역할을 잘해서 아이를 잘 키우려고 하는 것이 목적이다. 좋은 부모로서의 역할을 하려면 아이와 좋은 관계를 유지해야 하고, 그러기 위해서 부모, 자녀가 상호 자존감을 손상시키지 않고 보존해야 하는 것이 중요하다.

자존감을 보존하고 서로 좋은 관계를 유지하는 것은 행동을 수정하는 것보다 더 중요하다. 행동수정에 초점을 맞추고 좋은 관계를 망가

뜨리는 것은 바람직하지 않다. 왜냐하면 관계가 나빠지면 회복하기가 어려울 뿐 아니라 부모의 영향력이 떨어지기 때문에 더 이상 아이의 행동수정에 부모가 관여할 수 없게 된다. 따라서 좋은 부모로서 꾸준히 아이에게 영향을 주기 위해서는 행동수정보다 상호 자존감 보존과 좋은 관계유지에 초점을 맞출 필요가 있다.

심리치료가 수잔 포워드(Susan Forward)는 부모역할을 다섯 가지로 정리했는데 그중 세 번째가 자녀의 신체를 보호하는 것이라고 했다. 아이 몸에 상처가 나지 않도록 위험에서 안전하게 보호해야 하는 것은 물론, 가정폭력을 쓰면 부모 자격이 없다고 했다. 매를 들고 상처 나지 않게 때리기가 어디 쉬울 수 있을까? 또 부모에게 맞으면서 존중 받는다고 생각하기는 더 어려울 것이다.

수잔 포워드의 부모역할 첫 번째는 자녀에게 필요한 물질적인 것을 충족시켜주는 것이고, 두 번째는 자녀가 정신적인 충족감을 갖도록 사랑하는 것이라고 했다. 그리고 그 네 번째는 마음을 보호하는 일인데 신체적 상처뿐 아니라 정서적으로 상처받지 않게, 특히 말을 가려서 하는 것이 중요하다고 했다. 다섯 번째는 부모가 자녀의 삶에 윤리적, 도덕적으로 모델이 되는 것이라 했다. 부모의 삶 자체가 부모역할이라는 말과 같다.

좋은 부모가 된다는 것은, 한 개인이 인격적으로 성숙해가는 과정이며 세상을 살아가면서 해나가야 할 가장 어려운 일이고 가장 가치 있는 일이 아닐까 싶다.

위 사례의 엄마는 좋은 부모가 되기 위해 계속 노력했고 매를 다시 쓰고 싶은 유혹을 이겨내고 매 없이도 대화로 통하는 모자관계를 만들었다.

# 너희 스스로
해결하는 걸 지켜볼게

아이들 문제에 참견은 최소한으로 하자

　초등학교 5학년 아들이 3학년 여동생에게 마실 물을 가져오라고 방 안에서 소리를 질렀다. 엄마는 상쾌한 기분으로 화분에 물을 주며 화분을 손질하고 있었다. 아이들끼리의 다툼이 엄마가 하는 일에 직접 방해되지는 않았다.
　이런 상황일 때 엄마는 자신의 일을 하면서 아이들 일에 참견하지 않을 수도 있고, 아이들의 잘잘못을 가리는 일에 참견해서 자신의 가치기준에 따라 해결책을 정하고 아이들에게 지시할 수도 있다.

〈참견하는 경우〉
　첫 번째: 자신의 일을 동생에게 시키는 것이 옳지 않다고 생각하는 엄마가 있다. 아들의 행동이 못마땅한 엄마는 꾸중을 한다. "물이 필요하면 네가 직접 가져와야지 왜 동생에게 시키니? 동생 시키는 건 나빠" 그러고는 딸아이에게 "오빠가 시켜도 할 필요 없어" 하고 못을 박

기도 한다.

　두 번째: 집 안에서 소리치는 것을 두고 보지 못하는 엄마가 있다. 따라서 아들을 나무라게 된다. "왜 시끄럽게 소리 지르니? 조용히 말해도 들리잖아. 소리치면 동생이 좋겠어?"라고.

　세 번째: 소리치는 것도, 동생에게 시키는 것도 둘 다 나쁘기 때문에 안 된다고 생각하고 일방적으로 꾸중하는 엄마가 있다.

〈참견하지 않는 경우〉

　큰아이가 소리를 지르긴 하지만 자초지종을 모르고 엄마에게도, 이웃에게도 특별히 피해를 주는 상황이 아니어서 아이들끼리 해결하도록 두는 것이 좋다고 생각하고 하던 일을 계속하는 엄마가 있다. 이럴 때 아이들은 엄마의 통제에 따를 필요 없이 자기들끼리 문제를 해결하게 된다.

　아이들은 타협할 수도 있고, 힘의 논리를 따를 수도 있고, 서로를 배려하고 양보하는 미덕을 경험할 수도 있다. 각자에게 만족한 해결책을 얻을 수도 있고, 어느 한쪽에게 불리한 해결책을 만들 수도 있다. 그렇지만 아이들은 형제간의 문제를 통해서 새로운 경험을 하게 되고 그 결과 문제해결력을 키우고 인간관계의 능력을 쌓아갈 수 있다.

　참견하는 엄마보다 참견하지 않고 지켜보는 엄마가 아이들에게 스스로 해결할 수 있는 능력을 키울 수 있도록 돕는 엄마다. 하지만 형제간의 시비를 가릴 일이 있을 때 엄마가 성급하게 참견하면 여러 가지 부작용이 따를 수 있다. 아이들은 엄마에게 의존하게 될 뿐 아니라 자신의 입지를 유리하게 만들기 위해서 상대방을 더욱 탓하거나 비난할 수 있다. 또 엄마가 상황을 충분히 모른 채 해결책을 말하고 꾸중하게 되면 어느 한쪽은 억울할 수밖에 없다.

위의 문제에서 엄마는 그 이전의 상황은 모른다. 그러면서 큰아이에게 소리치는 것이 나쁘고 또 동생에게 시키는 것이 나쁘다고 하면, 큰아이는 억울해할지도 모른다. 엄마에게 꾸중을 듣는 것이 억울한 큰아이는 엄마도, 동생도 미워할 수 있다.

예를 들어, 물을 갖고 오라고 하기 전에 다음과 같은 상황이었다고 해보자.

동생은 오빠의 새 볼펜이 갖고 싶어서 오빠에게 제안했다.

"오빠, 그 볼펜 나 줘. 그러면 오빠 심부름 한 번 할게."

오빠는 흔쾌히 동생의 제안을 받아들였다. 볼펜을 동생에게 주고 한참 후 오빠는 동생에게 "너 심부름하기로 했지? 물 마시고 싶으니까 물 좀 갖다줘"라고 부드럽게 말했다.

그런데 동생은 오빠와의 약속을 얼른 실행하지 않았다. 평소 자기편을 들어주는 엄마를 믿고 오빠가 시키는 것을 안 하는 경향이 있다. 약속을 지키지 않은 동생 때문에 화가 난 큰아이는 소리가 커질 수 있다.

어떤 상황에서도 소리 지르지 않고 부드럽게 말하라고 하는 것은 무리한 요구다. 살다 보면 때로는 소리 지를 수도 있고 그럴 수밖에 없는 상황을 겪기도 한다.

도덕관이 지나치게 경직된 엄마는 자기 일은 반드시 스스로 해야 한다고 아이에게 가르친다. 물론 다른 사람에게 의존하고 떠넘기는 것보다 스스로 하는 것이 바람직하다. 그렇지만 일의 종류나 상황에 따라서 남의 도움을 받을 수도 있고 다른 사람에게 시킬 수도 있다. 중요한 것은 상황적응력을 키워서 융통성 있게 대처하는 것이다.

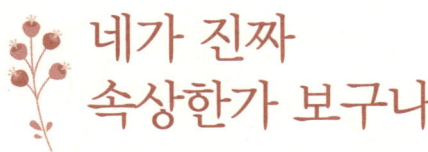
네가 진짜
속상한가 보구나

앵무새 대화도 믿음을 키우는 데 효과적일 수 있다

6학년 반 배정을 받은 아들이 학교에서 돌아와 눈물을 글썽거렸다.
"무슨 일 있구나? 반 배정이 맘에 안 들었니?"
아이에게 물어보니 아예 식탁에 얼굴을 묻고 울면서 말하기를 여자애 4명과 자기가 한 반이 됐다는 것이었다. 게다가 그 4명 중에는 아들이 진짜 싫어하는데 내리 4년을 같은 반이 된 애도 있었다.
안타까운 마음에 아들을 도와주고 싶어서 마음을 읽어주었다.
"여자애들하고만 붙여줘서 속상하구나."
"…… 아냐……. 그건 아니고……."
"그럼 4년째 예은이랑 같은 반이어서 속상하구나."
"…… 그것도 괜찮은데…… 흑흑……."
"혹시 애들이 여자애들 틈에 있다고 놀리니? 애들이 예은이랑 커플이라고 놀려서 속상한 거야?"
"…… 그걸로 이러는 건 아니고…… 흑흑……."

이쯤 되니 뭐 때문에 이 녀석이 이러는지 헷갈렸다. 덩치는 엄마만 한 게 고작 반 배정 때문에 이유도 없이 우는 꼴을 그냥 둬야 하나 하는 생각이 살짝 들었지만 수개월 간의 부모역할교육 덕분에 '뭔가 울 만한 이유가 있겠지……. 13살도 엄마 앞에서 어린아이니까'라고 생각할 만큼 여유가 생겼다. 담임선생님께 물어봐야 하나 생각하다가 이제 5학년도 끝났고, 무엇보다 아들의 자존심이 상할 것 같았다. 결국…… 해결방법이 없는 엄마는 마냥 같은 말만 해주었다.

"에구…… 네가 진짜 속상한가 보다……. 많이 속상하겠다, 맘이 상하는구나…….."

별 뾰족한 말도 못해주고 앵무새마냥 중얼거리고 있으니 아들이 울다 고개를 들고 묻는다.

"엄마도 학교 다닐 때 이럴 때가 있었지?"

사실 기억이 안 났다. 그래서 솔직히 말했다.

"엄마가 졸업한 지 너무 오래돼서 솔직히 기억은 안 난다. 그런데 친한 애들이랑 다 떨어지고 싫어하는 애들하고만 한 반이 되면 너처럼 속상할 거 같아. 이렇게 막 울고 그럴 거 같아."

어쨌든 아들은 실컷 울고 일어나 자기 방으로 갔고 엄마는 반 배정으로 상한 아들의 맘을 해결해주지 못한 것 같은 찜찜함을 가지고 대화를 끝냈다.

그다음날 아들이 밖에서 돌아와 아빠 몰래 엄마를 살짝 불렀다.

"엄마, 나 오늘 친구랑 싸웠어. 자꾸 나랑 예은이랑 4년이나 커플이라고 놀렸단 말야. 아무튼 진짜 짜증 나게 하루 종일 애들이 놀려. 나

내일 농구수업 안 가도 돼요? 가면 그 애들 다 만나야 하잖아."

4학년 말부터 아들과 엄마 사이에는 학습갈등이 생겼고 아들의 거짓말로 인해 서로 간의 믿음이 점점 얇아졌다. 그런데 거짓말도 안 하고, 땡땡이치는 것도 아니고! 상의하듯이 솔직하게 수업 빠지겠다고 말해주는 데 감격을 했다. 고마운 마음에 순순히 아들이 원하는 것을 받아들었다.

"그래……. 애들 때문에 농구수업 가기 싫구나. 농구시합도 바로 있어서 너한테 중요한 수업인데도 그런 생각이 드니? 그래……. 엄마는 어제 네 얘기도 들었고 오늘 네 기분도 이해하니까 네가 그렇게 하고 싶으면 그래라."

그런데 다음날 아들이 농구하러 갈 준비를 하고 있었다.

"엄마, 나 맘이 바뀌었어. 생각해보니 농구시간에 빠질 정도 일은 아니더라고."

신나게 농구를 하고 온 아들은 이런 말도 해서 엄마를 뿌듯하게 만들었다.

"생각해보니 6학년이 재미있을 것 같기도 해. 어제만 해도 잘 때리는 여자애들 4명하고 같은 반 된 것도 짜증 났고, 예은이도 싫고, 농구부 애들하고도 다 떨어진 것도 속상했어. 왜 나만 이렇게 운이 없을까 진짜 속상했어. 애들이 나만 보면 웃으면서 놀리는 것도 듣기 싫고. 근데…… 오늘은 기분이 달라졌어."

앵무새마냥 아들 마음을 읽어주기만 했는데 아들의 마음은 치유가 되어 있었다. 구체적인 해결책을 준 것도 아니고 아들을 믿는 마음으로 기다리기만 했는데 문제는 바람직하게 해결되었다.

　엄마에 대한 믿음이 생겨 수업 안 가겠다는 말을 솔직하게 했고, 엄마가 믿어주니 아들은 농구수업에 대해 자기 스스로 옳은 판단을 했다. 그래서 친구들과 좋은 관계를 지속할 수 있게 되었고, 새 학년을 재미있게 보낼 수 있겠다고 생각할 여유도 생겼다.

 # 엄마에게 얘기해줘서 고마워

아이와의 관계가 좋아지면 부부관계도 좋아진다

외동딸아이가 초등학교 5학년이 되고 한 달 정도 지난 일요일 밤이었다.
"엄마! 학교 가기 싫어요. 내일 안 갈래요."
"그래? 학교 가기 싫어?"
"네, 여자친구들이 나랑 놀아주지 않아요. 학교 가기 싫어요."
"아! 친구들이 놀아주지 않아서 속상했구나."
"네. 내가 아무 잘못도 안 했는데도 그래요. 내가 말을 걸면 못 들은 척하고 대답도 안 해요."
"그래서 가은이가 힘들었구나."
아이는 눈물을 흘리기 시작하더니 한참을 울다가 감정을 쏟아냈다.
"그 아이들이랑 같은 반이 된 게 잘못이에요. 다 없어져버렸으면 좋겠어요. 전학 갔으면 좋겠어요."
"친구들이 다 전학을 가버렸으면 할 정도로 힘들고 속상했구나."

"네. 차라리 다 죽었으면 좋겠어요."

아이의 표현에 놀라긴 했지만 마음을 계속 읽어주었다.

"아! 친구들이 눈에 보이지 않았으면 좋겠다고? 가은이가 많이 속상했나 보구나."

아이는 다시 눈물을 흘렸다. 궁금한 것도 물어보지 않고 아이의 마음을 공감해주면서 지켜보았더니 아이는 차츰 안정을 찾았고 잠이 들었다. 엄마는 아이 마음을 충분히 읽어주었고 마음껏 울었으니 내일 아침이면 아무 일 없었다는 듯이 학교에 갈 것이라는 기대와 한편으로는 문제를 해결해야 한다는 무거운 마음으로 밤을 보냈다.

월요일 아침에 아이는 평소와 같이 밝은 표정으로 일어났다.

"엄마! 학교 안 갈래요."

"지금도 학교 가기 싫으니?"

"네. 그러니까 선생님께 문자 보내주세요."

"그런데 어쩌지. 엄마는 곤란한데. 가은이가 직접 보내는 게 어떨까?"

아이가 문자 보내는 게 쑥스러워 할 수 없이 학교에 갈 것을 기대하고 한 제안이었다. 그러나 아이는 자신의 휴대폰으로 선생님에게 문자를 보냈다.

'선생님. 이가은입니다. 친구들이 놀아주지 않아서 학교 가기 싫어요.'

'가은아! 선생님이야. 친구 문제로 많이 힘든가 보구나. 그러면 학교에 와서 선생님한테 이야기해주지 않을래?'

아이는 더 이상 답을 하지 않은 채 학교 가기 싫다고 했고, 그때 아이 휴대폰으로 선생님 전화가 왔다. 받기 싫다는 아이 대신 엄마가 전화를 받았다.

"선생님. 가은이가 학교 가기 싫다고 합니다. 어떻게 해야 할지 모르겠어요."

"어머니. 사실은 가은이가 친구들과 잘 지냈는데요, 근래 친구 사이에 문제가 좀 있었어요. 제가 학교에서 가은이와 잘 이야기해보겠습니다."

선생님과 짧은 통화를 한 아이는 학교에 가겠다고 했다.

평소 같은 시간에 출근하는 남편은 아이가 학교 가기 싫다고 하면 화를 내어서 모두 감정이 상하는 일이 가끔 있었던 터라 그날도 걱정이 되었다. 그런데 말없이 지켜보다 아이가 가방을 챙기자 "가은아, 오늘도 파이팅!" 하고 응원을 한 후 출근했다. 웃는 얼굴로 아이를 배웅한 후 휴대전화를 보니 선생님의 문자가 와 있었다.

'어머니께서 마음고생을 하셨겠어요. 교우관계가 가장 어렵지요. 가은이 오면 교실에서 잘 얘기해보겠습니다.'

'선생님께서 따뜻하게 말씀해주시니 밤새 무거웠던 제 마음이 한결 가벼워지네요. 감사합니다.'

편안해진 마음으로 남편에게도 문자를 보냈다.

'오늘 당신이 나 믿고 지켜봐줘서 고마워요. 우리가 의견 충돌 없이 가은이가 기분 좋게 학교 가도록 힘을 준 것 같아 뿌듯한 아침이에요. 행복합니다.'

남편은 사랑한다고 답을 보내왔다.

아이 하교 시간 무렵 선생님의 전화를 받았다.

"가은이와 얘기를 잘 했습니다. 단짝 친구와 근래 사이가 안 좋아져서 힘들었다고 합니다. 그래서 가은이에게 그건 네 잘못이 아니라고, 친구 사이에는 여러 가지 일이 생길 수 있으니 앞으로 힘들거나 속상한 일이 생기면 얘기해달라고, 언제든 도와주겠다고 했습니다."

선생님께 진심으로 감사하다고 인사를 드렸다. 얼마 후 아이는 평소보다 밝은 표정으로 신나게 집에 왔다. 나는 아이를 꼭 안아주며 엄마에게 얘기해줘서 고맙다고, 사랑한다고 말했고 아이는 다음날도 즐겁게 학교에 갔다. 아이와의 관계가 좋아지니 남편과의 관계도 좋아지는 것 같다.

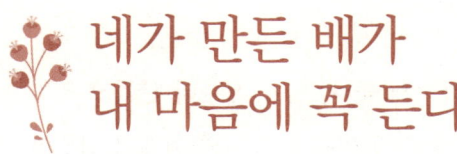
네가 만든 배가
내 마음에 꼭 든다

칭찬하고 싶은데 어떻게 말해야 할까요?

"엄마. 승준이가 모형 배를 만들었는데, 내가 칭찬하면 기분 나쁘다고 할 것 같아 말 못 했어요."

"칭찬하고 싶었는데 못 했구나."

"네. 잘 만들었어요. 그래서 참 잘 만들었다고 하려다 안 했어요."

"승준이가 싫어할까 봐 못 했어?"

"그렇게 말하면 내가 잘난 체하는 것 같고, 다른 말은 생각나지 않고……."

"아, 잘 만들었다고 하면 네가 승준이를 평가하는 것 같아서 말하기가 곤란했구나."

"맞아요. 친구 사이에 평가받으면 기분 안 좋잖아요."

"그래. 그럴 수 있지. 이렇게 말했다면 어땠을까? '승준아, 네가 만든 배가 내 맘에 쏙 든다, 와 보기 좋은데'라고."

"아! 맞다. 왜 그 말을 몰랐을까요? 그냥 잘 만들었다는 말밖에 생각이 나지 않았어요."

6학년 아들은 손재주가 남다르게 좋다. 어릴 때부터 만들고 조립하기를 좋아했고 그 실력을 친구들이 알아준다. 친구들에게서 인정받고 있기 때문에 오히려 친구를 칭찬하는 것이 더 조심스러웠다.

'잘 만들었다'는 칭찬은 평가하는 말이다. '네가 잘 만들었다'고 말하는 것은, 내가 평가할 수 있는 실력이 있는 걸 전제하기 때문에 윗사람이 아랫사람에게 할 수 있는 칭찬이다. 평가는 상하관계, 즉 수직적인 인간관계에서 하는 것이 자연스럽다. 그래서 친구 사이에 평가하는 듯한 칭찬을 하는 것은 바람직하지 않다. 그런가 하면 '내 맘에 든다', '내가 보기 좋다'는 말은 동등한 수평적인 관계에서 잘난 체하지 않고 내 마음을 전하는 것이기 때문에 듣는 사람의 기분을 상하게 할 일이 없다.

일상적인 예를 하나 들어보자. '사랑해'라는 말은 내가 너를 사랑한다는 말이다. 흔히 사랑하는 사람에게 내 마음을 전하는 말이고, 사랑하는 주체가 '나'이기 때문에 그 대상이 윗사람이거나 아랫사람이거나 친구이거나 상관이 없다.

"할머니, 사랑해요", "선생님, 사랑해요", "아가야, 사랑해", "당신, 사랑해" 등으로 말해서 내 마음을 전하면 된다. 이 말은 상대방과 나는 인격적으로 동등한 수평적인 관계에서 하는 말이기 때문에 듣는 사람 입장에서 듣기가 불편하지 않다.

그런가 하면 "사랑스러워"는 "너는 사랑스러운 사람이야"라는 말이고 사랑스러운 주체가 '너'이기 때문에 평가적인 말이다. 평가적인 말은 윗사람이 아랫사람에게 할 수 있는 말이고, 아랫사람이 윗사람에게 하거나 친구 사이에서 하면 적절치 않다.

"할아버지, 사랑스러워요", "선생님, 사랑스러워요", "친구야, 사랑스러워" 등은 부자연스러운 것과 같다. "아가야, 사랑스러워", "우리 동생 사랑스러워"처럼 윗사람이 아랫사람에게 할 수 있는 칭찬의 말이다.

초등학교 6학년인 아이는 친구에게 칭찬하는 말도 함부로 할 수 없다는 것을 알고 있었다. 칭찬을 하고 싶지만 적절한 말이 생각나지 않아서 할 수 없다면 참 안타깝고 아쉬운 일이다.

'칭찬은 고래도 춤추게 한다'고 하지 않는가. 적절한 칭찬은 서로 좋은 친구로 살아가고 좋은 인간관계를 맺는 데 꼭 필요하다. 반면 잘못된 칭찬은 고래의 춤을 멈추게 할 수 있다. 칭찬해야 할 때 칭찬하지 않는 것도 문제이지만 상대방 마음을 상하게 하는 부적절한 칭찬도 문제이기는 마찬가지다.

우리 아이가 친구 사이에서 칭찬하고 싶을 때 적절한 칭찬을 할 수 있게 하려면 먼저 부모가 아이에게 본을 보이는 것이 바람직하다.

 # 울고 싶은 만큼 울 때까지 기다려준다
건강한 사람은 자신의 의지로 자기 행동을 통제할 수 있다

　13살이 된 다은이네는 강아지 '망고'를 새 식구로 맞았다. 다은이의 지속적인 요청을 엄마가 받아들인 것이다. 너무 어린 망고를 마당에서 키울 수 없어서 당분간 거실에서 키우게 되었는데, 문제는 대소변 가리기 훈련이 잘되지 않는 것이었다. 엄마가 훈련소에 문의를 해서 조언을 들었더니, 강아지가 배변판에 오줌을 누면 과장될 정도로 칭찬을 해주고 간식을 주라고 했다. 그날 저녁 망고는 거실에서 한참 서성거리며 냄새를 맡더니 배변판에 오줌을 눴다. 엄마, 아빠는 훈련소의 조언대로 손뼉을 치며 망고에게 엄청 칭찬을 해줬다. 그랬더니 너무 시끄러웠는지 숙제를 하고 있던 다은이가 방에서 나왔다.
　"엄마, 왜? 무슨 일이에요?"
　"응, 우리 망고가 드디어 배변판에 소변을 봤다."
　성공에 취해서 기쁜 마음으로 망고를 끌어안고 폭풍칭찬을 했더니 엄마를 쳐다보는 다은이 표정에 언짢은 기색이 역력했다. 그러더니 갑자기 다은이가 방문을 쾅 소리가 나게 닫고 제 방으로 들어가버렸다. 아이 기분을 눈치챈 엄마가 따라 들어가서 물어봤다.
"다은아. 갑자기 왜 기분이 안 좋아졌니?"
"엄마는 나보다 망고가 더 좋아요?"
"아니? 무슨 말이야?"
"난 망고가 부러워요. 엄마가 나한테 말할 때 그렇게 기쁜 표정을 한 적이 없잖아요."
"……."
아이 말이 너무 황당해서 엄마는 할 말을 찾지 못하고 있는데 아이는 갑자기 울음을 터뜨리며 말했다.
"엄마는 나한테는 웃지도 않고, 시험지 보면 말로만 잘했다고 하고 속마음은 그게 아니잖아요."
그러면서 아이는 서러운 듯 한참 울었다. 엄마는 아이가 울고 싶을 만큼 울고 그칠 때까지 기다려줬다. 우는 아이를 지켜보면서 생각해보니 미안한 마음이 들었다. 엄마 마음에 별로 만족스럽지 않은 시험 점수를 들고 온 아이에게 무표정한 얼굴로 어쩔 수 없이 '잘했다'고 칭찬했던 일이 많았던 것 같았다. 입으로는 칭찬을 해도 표정이나 말투에서 아이가 엄마 마음을 다 읽고 있었던 것이었다.
위의 사례에서 13살 다은이가 강아지 망고를 질투하는 것 같은 행동은 생각하기에 따라 유치하고 어이가 없을 수도 있다. 엄마들은 때때로 아이가 다 컸다고 생각하고 어른의 시각에서 많은 것을 기대하기도 한다. 다은이 엄마는 아이의 행동-방문을 쾅 소리 나게 닫는 것,

엄마에게 불만을 쏟아내는 말, 그리고 갑자기 울음을 터뜨리고 서럽게 한참 우는 것-이 잘못됐다고 생각하고 비난하거나 나무라지도 않았고 엄마가 잘못했다고, 미안하다고 아이에게 사과하지도 않았다. 그냥 두고 보면서 기다렸다. 그리고 아이 행동의 원인이었던 자신의 문제점을 인식하기도 했다.

아이의 행동에 대해 어른의 기준으로 성급하게 평가해서 잘못을 나무라고 비난하는 것도 문제이거니와, 모르고 한 일이나 사소한 실수에 대해 지나치게 미안해하고 잘못했다고 사과하는 것도 바람직하지 않다.

감정에는 윤리, 도덕이 없다는 말이 있다. 인간행동에는 윤리, 도덕의 엄격한 잣대가 적용된다. 그런가 하면 인간의 생각에는 윤리, 도덕의 잣대가 덜 엄격하게 적용된다. 왜냐하면 생각은 행동만큼 마음대로 쉽게 통제할 수 없기 때문이다.

건강한 사람은 자신의 의지로 자신의 행동(action)을 통제할 수 있다. 예를 들어 앉고, 서고, 손을 들고, 내리고 같은 행동은 마음대로 쉽게 된다. 그런데 어떠한 생각에 몰두해 있다가 그 생각에서 벗어나려고 하면 건강한 사람일지라도 마음먹은 대로 쉽게 되지 않는다.

인간이 자신의 생각을 자유롭게 통제하기도 어려운데 자신의 감정을 통제하는 것은 더욱 어렵다. 흔히 감정은 자연스럽게 나타나는 것이어서 자신의 의지대로 되지 않기 때문에 감정에는 윤리, 도덕이 없다고 하는 것이다.

부정적인 감정은 억누른다고 해결되지 않는다. 자연스럽게 해소하도록 기다리거나 적절한 방법을 찾아야 한다. 13살 다은이는 감정조절이 특히 어려운 사춘기 소녀다. 다은이 엄마가 아이를 대하는 방법은 적절했다.

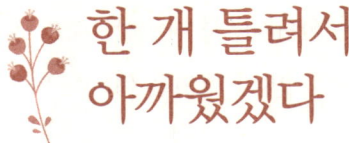
한 개 틀려서
아까웠겠다

아이들 문제에 해결사가 되어야 한다는 부담감에서 해방되자

    초등학교 4학년, 2학년 두 딸을 두고 모범적인 가정을 이루고 있는 엄마 이야기다. 남편은 모범적인 가장이고 부부 사이도 좋아서 싸우는 일이 거의 없다. 아이들에게 '사랑한다', '축복한다'는 말도 잘하고 스킨십도 자주하는 편이다. 그러니 아이들에게 정서적으로 바람직한 분위기를 제공한다고 생각해왔고 행복하게 자랄 수 있는 가정이라는 자부심도 갖고 있었다.
    그런데 큰애의 태도에 문제가 생기기 시작했다. 엄마의 사랑을 진심으로 받아들이지 않는 것 같고 뭔지 모를 불만이 느껴졌다. 심지어 아이는 때때로 무기력해 보이기까지 했다. 마음이 아프고 안타까워진 엄마는 아이의 공부량을 줄이고 조정해줬지만 여전히 아이는 힘겨운 모습을 보여서 답답하기만 했다. 뭐가 불만인지 뭐가 잘못됐는지 알지 못한 채 모녀 사이의 벽을 느끼게 되면서 엄마는 부모역할교육을 받기 시작했다.

공부를 시작하고 얼마 되지 않아 엄마는 자신에게 문제가 있음을 알게 되었다. 아이를 잘 키우기 위해 "이래야 돼! 저래야 돼!"라고 가르치기만 했지 아이의 입장에서 아이 마음을 알아주고 공감해주는 말은 해본 적이 없었다. 그러니 아이가 엄마에게 속마음을 털어놓을 수도, 반항을 할 수도 없었고 참기만 했던 것이다. 독후감도, 일기도 항상 정답 같은 내용을 쓸 뿐, 자신의 솔직한 마음을 표현하기를 어려워했던 것이다.

큰애가 3살 때 동생이 태어났는데 동생 때문에 속상했을 아이의 마음을 한 번도 공감해준 적이 없었다는 게 엄마 마음을 너무 아프게 하기도 했다. 초등학교 저학년 때는 공부를 곧 잘하고 시험도 잘 보았다. 어쩌다 12개 틀리면 왜 틀렸냐고 나무랐다. 그런데 점점 공부를 지겨워하더니 시험에 부담감도 느꼈고 몇 개씩 틀리면 엄마는 마음속으로 조금 더 열심히 해서 100점 받을 생각을 하지 않는 아이에게 실망하고 답답해했다. 하지만 겉으로는 "그 정도도 잘한 거야. 그래도 공부 안 하고 놀면 안 돼!"라고 말했다. 그러고는 욕심도, 열정도 없는 아이 때문에 걱정하고 속상해했다.

부모역할교육 공부를 시작한 엄마는 아이 마음을 알아주고 공감하려는 시도를 했다. 하루는 애들끼리 싸우고 큰애가 속상해하는 모습을 보고 생전 처음으로 아이 마음을 공감해주었다.

"동생이 그렇게 해서 많이 속상했지?"

얘길 듣고 즉각적으로 아이의 반응이 나왔다.

"응! 엄마 속상했어."

아이의 기분이 확 풀리는 게 느껴졌다. 오랫동안 힘들었을 아이를 생각하니 안쓰럽기도 하고 미안하기도 했다. 그 이후로 일주일 정도는 아이와 솔직하게 서로 많은 이야기를 나눴다. 우는 것에 대해 이야기를 하던 중 아이에게 놀라운 말을 듣게 되었다.

"엄마! 내가 어릴 때 많이 울었는데 그때마다 엄마가 '울지 마, 뭘 잘했다고 울어?'라고 소리쳐서 눈물을 참는 습관이 생겼어. 울고 싶은 때도 울지 못해서 나쁜 기억이 많아."

아이의 말에 충격을 받았지만, 더 늦기 전에 솔직히 말해줘서 다행이라고 생각했다.

"그랬구나. 속상했겠다. 엄마가 이제 우리 딸 마음 잘 알아줄게."

아이의 얼굴이 환하게 밝아졌다. 며칠 전에는 수학시험을 보고 한 개 틀려 왔기에 "한 개 틀려서 아까웠겠다"라고 했더니 "응, 엄마. 정말 아까웠어. 조금만 잘했으면 100점 받을 수 있었는데……"라며 스스로 더 열심히 공부하겠다고 하는 아이의 반응이 놀라웠다.

하루에도 몇 번씩 짜증 내면서 싸우던 아이들이 차츰 사이좋게 지내고, 모녀 사이의 벽도 사라졌다. 전에는 아이들에게 문제가 생기면 해결해주려고 설명하면서 가르치느라 아이들도 엄마도 힘들었는데, 부모교육을 시작한 이후 아이와 잘 소통하는 부모가 되기 위해 먼저 듣고 공감하려고 하고 있다. 아이의 감정을 공감만 하고 가르치는 말은 하지 않아도 아이에게 충분한 격려가 되고 힘을 실어준다는 것을 알게 되었기 때문이다.

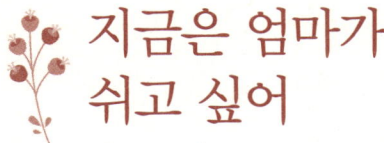

지금은 엄마가 쉬고 싶어

서로 편해지고 속마음을 터놓는 관계가 되자

나는 우리 아이들을 남의 아이 대하듯 하는 게 소원이었다. 욕심을 내려놓고 아이를 존중하는 마음으로 대하고 싶었다. 평소 나는 아이들 말 한 마디 한 마디에 감정의 기복이 심해서 소리를 지르고 화를 내기도 했다. 하지만 부모역할교육을 받기 시작한 후 조금씩 감정을 다스리면서 아이를 볼 수 있게 되었다.

아이의 행동을 내가 받아들일 수 있으면, 우선 공감해주고 받아들일 수 없으면 '나-전달법'으로 말하자. 이 하나만 생각하고 실천하려고 노력했더니 아이들과의 사이에 긍정적인 변화가 생겼다. 아이 입장에서 생각해보고 공감할 수 있었고, 아이에 대한 이해의 폭도 넓어졌고, 수용할 수 있는 여유도 생겼다.

큰애가 저학년일 때 공부를 강요하고 시험점수가 나쁘면 화를 내고 혼낸 것이 미안해서 이제는 시험 결과에 대해 혼내지 않겠다고 약속했다. 그런데도 아이는 마음이 안 놓였는지 다짐하듯 말했다.

"엄마, 나 시험 끝나면 혼내지 않을 거지?"

그래서 아이의 염려하는 마음을 공감해주었다.

"한빈이가 시험 끝나면 혼날까 봐 걱정했구나."

"그런데 엄마, 너무 잘 못 보면 어떡하지?"

"많이 걱정돼? 혼 안 낼게. 너무 많이 못 봤으면 엄마 혼자 좀 속상해할게."

그랬더니 아이는 편해진 마음으로 학교에 갔다가 돌아왔다.

"엄마! 다른 애들은 시험 결과가 나와서 슬퍼했는데 나만 싱글벙글 기분이 좋았어."

제일 못 본 과목 점수도 겁내지 않고 이야기하는 아이를 보면서 내 마음은 흐뭇했다.

"그랬어? 엄마도 한빈이가 시험점수 때문에 걱정하지 않아서 기쁘다"라고 하면서 안아주었다. 그런데 동생을 보더니 이렇게 말하는 것이었다.

"엄마! 근데 은빈이는 올백 못 맞았으니까 혼나야 되는 거 아니야? 2학년 때까지는 나도 많이 혼났으니까 쟤도 혼나야지!"

자신은 혼나지 않고 편하게 웃고 있으면서 동생은 혼나야 된다고 말하는 모습을 보니 얄미웠지만 마음을 가라앉히면서 말했다.

"혼내고 싶지 않은데…… 엄마가 부모역할교육을 안 받았으면 너도 혼냈을 거야. 그런데 뭐가 더 중요한지 배우고 있어서……."

그때 아이의 마음이 느껴졌다.

"아, 한빈이가 2학년 때 시험 때문에 엄마한테 혼나서 많이 속상했구나!"

아이 눈에서 눈물이 주르르 흘렀다. 얼른 안아주었더니 아이는 금방 울음을 그치고 괜찮아졌다.

큰아이는 요새 많이 편해 보이고 활기도 되찾은 것 같고, 얼굴에도 생기가 돌고 있다. 제법 내 이야기에 공감도 해주고 "엄마가 힘들었구나!"라고 하는 아이의 말에 많은 위로를 받기도 한다.

하루는 커피숍에 갔는데 작은애가 "엄마! 엄마가 커피를 많이 마시면 건강이 나빠질까 봐 내가 걱정돼"라고 말하는 것이 아닌가. '나-전달법'이 어떤 효과가 있는지 아직 잘 몰랐는데 아이의 이야기를 들으니 바라는 대로 해주고 싶었다. 그래서 커피를 많이 마시지 않도록 조심하고 있다.

부모역할교육을 받으면서 우리 가족은 서로가 많이 편해지고 속마음을 더 털어놓을 수 있는 관계로 변하고 있다. 우리 아이들이 사춘기가 되기 전, 더 늦지 않은 시기에 배울 수 있는 것이 얼마나 다행스러운지!

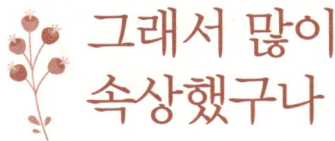
그래서 많이
속상했구나
스스로 해결책을 선택하면 실천의지도 생긴다

"세윤아! 아빠가 췌장에 관한 글을 읽었는데, 어떤 박사님 딸이 췌장암으로 죽어서 그걸 연구하기 시작했대. 밥을 많이 씹지 않고 삼키면 대장에 무리가 오고 나중에는 췌장에도 문제가 생긴대. 그러니까 밥을 천천히 꼭꼭 씹어서 먹어야 하는 거야."

아빠는 저녁식사 시간에 초등학교 5학년인 큰딸 세윤이에게 얘기를 했다. 그랬더니 아이는 살짝 짜증을 내면서 말했다.

"아, 잔소리 같아."

세윤이는 평소에 밥을 정말 빨리 먹는다. 몇 번 씹지도 않고 마구 삼켜서 많이 먹게 된다. 엄마, 아빠는 걱정이 되어 그러지 말라고 누누이 얘기를 많이 했지만 전혀 고쳐지지 않았다. 며칠 전에는 저녁에 엄마 몰래 밥을 세 공기나 먹기도 했다. 요즘 와서 살이 더 많이 찐 것 같은데 건강해지기는커녕 오히려 힘이 없다 하고 기운이 빠진 것 같았다.

아이의 짜증 섞인 말에 엄마는 화를 참지 못하고 말했다.

"오늘부터 밥 한 공기만 먹어."

아이는 스트레스를 받은 듯 낯빛이 안 좋아졌고 화가 난 채 밥을 꾸역꾸역 먹더니 결국 눈물을 흘렸다. 식사 후 엄마는 아이와 방으로 들어가서 차분히 대화를 시작했다.

"아빠도, 엄마도 너무 걱정이 돼. 얘기를 해도 안 고쳐지니 어쩔 수 없이 반복해서 말하게 되고, 그래서 엄마도 힘들어!"

그랬더니 아이가 얘기했다.

"아빠가 얘기하고 엄마가 또 얘기하니 너무 스트레스만 받아요. 오늘은 간식도 못 먹고 배가 너무 고픈데 엄마는 밥 한 공기만 먹으라 하고……. 엄마, 아빠의 잔소리 폭탄을 맞는 것 같아서 너무 싫었어요. 나도 나름대로 생각이 있는데, 한 분만 얘기해도 될 텐데, 두 분이 같이 하니까 너무 서럽고 속상했어요."

봇물 터진 듯 아이 말이 쏟아졌다.

"그래서 많이 속상했구나."

엄마가 아이 마음을 읽어주고 말을 계속했다.

"그런데 세윤아! 천천히 꼭꼭 씹어 먹으라고 10년 가까이 얘기했는데 안 들으니까 아빠, 엄마도 너무 속상해. 네가 방법을 찾아서 행동하면 잔소리 안 하고 좋을 것 같은데……."

한참 생각하던 아이가 말했다.

"그럼 밥 한 숟가락에 30번씩 씹을게요."

"그래? 그럼 좋지. 아빠한테도 얘기해주면 좋아하실 것 같은데!"

"지금은 눈물이 나서 말 못 할 것 같으니까 이따 말할게요."

아이는 30~40분쯤 후에 아빠에게 말했다.

"아빠. 이제부터 밥 한 숟가락에 30번씩 씹을게요. 그러니까 아빠도 더 이상 얘기 안 했으면 좋겠어요."

"그래? 속상했어? 아빠도 걱정이 돼서 그랬어."

그날 저녁 이후 아이는 밥을 천천히 꼭꼭 씹어 먹는다. 가족이 함께 식사를 해도 지금까지 큰아이는 너무 빨리 먹고 작은아이는 너무 천천히 먹어서 식사가 같이 끝난 적이 없었다.

이제는 식사 속도를 같이 맞출 수 있어서 무척 좋다. 또 하나, 아이는 30번씩 꼭꼭 씹어 먹으니까 밥을 한 공기만 먹고도 배부르다며 숟가락을 내려놓는다.

"천천히 먹으니까 몸에 힘이 생기는 것 같아요."

위 사례의 엄마는 부모역할교육수업에 상당한 기간 참여하고 있다. 평소 아이와의 대화가 부모 말은 무조건 따르고 지켜야 한다는 수직적인 관계에서 수평적인, 인격 대 인격의 관계로 많이 바뀌었다. 아이 말을 잘 들어주려고 노력하면서 아이와의 관계가 더 좋아지고 있다.

위의 사례에서 엄마와 아이가 서로 마음을 터놓고 얘기하고, 아이에게 해결책을 찾을 기회를 주고, 아이가 선택한 해결책을 엄마, 아빠가 받아들인 것은 잘된 점이다.

10년 가까이 못 고친 밥 먹는 습관을 단번에 고치기는 어려울 것이다. 그러나 아이 스스로의 의지가 있고 시간을 갖고 노력하면 좋아질 수 있다. 부모의 강요가 아니라 아이 스스로 해결책을 선택했을 때는 실천하려는 마음이 생기기 때문이다.

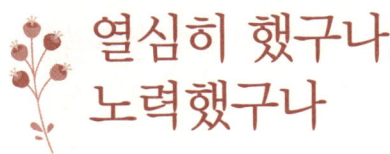
열심히 했구나, 노력했구나

좋은 행동이 반복되면 좋은 습관이 된다

미국의 주간 뉴욕 매거진에 보도된 바에 의하면, 컬럼비아대학교의 심리학자 캐럴 드웩(Carol Dweck)이 이끈 연구팀은 뉴욕지역 5학년생 400명을 대상으로 '지적 능력'과 '노력'에 관해 다음과 같은 연구를 했다고 발표했다.

아이들을 임의의 두 그룹으로 나누고 한 그룹에는 "정말 똑똑하구나(머리가 좋구나)"라고 '지적 능력'을 칭찬했고, 다른 그룹에는 "열심히 풀었구나"라고 '노력'을 칭찬했다. 그 결과 '노력'을 칭찬받은 그룹은 어려운 문제에 도전해서 열심히 문제를 풀었고 평가 뒤에도 재미있었다는 반응을 보였으며 향상된 점수를 받았다. 한편 '지능'을 칭찬받은 그룹은 더 쉬운 문제를 택했고 어려운 문제에서는 진땀을 흘리고 긴장하는 모습을 보였으며 점수가 떨어졌다.

결론적으로 말하면, 지적 능력을 칭찬받으면 어려운 문제에 도전했다가 "똑똑하지 않다"는 평가를 받게 되는 것을 두려워하기 때문에 주어진 과제를 쉽게 포기하며 학습의욕도 떨어지는 경향을 보인다고 했다. 따라서 노력을 강조해야 아이들이 스스로 성공여부를 통제할 수 있다고 했다.

이 연구에 덧붙여서 생각해보고 싶다. "똑똑하다", "머리가 좋다"고 하는 것은 성격특성이나 인격에 대해서 말하는 것이고 반면 "노력했구나", "열심히 했구나"라고 말하는 것은 행동에 초점을 맞추고 말하는 것이다. 아이가 바람직한 행동을 하도록 자극하기 위해서는 행동으로 말하는 것이 효과적이다. 아이가 구체적으로 어떻게 행동하기를 원하는가를 말하고 바람직한 행동의 결과에 대해서 격려하고 칭찬하는 것이 좋다.

예를 들어 비교해보겠다. 인사를 잘 하는 아이에게 "착하다"고 하면 아이의 행동보다 인격에 대한 칭찬이다. 이러한 칭찬은 때때로 아이에게 교묘하게 강요하게 된다. "착하다"는 칭찬을 계속 받기 위해서 아이는 부담을 갖고 행동하게 된다. "착하다"는 말을 더 이상 듣지 못하게 될까 봐 불안해할 수도 있다. 또 "착하다"는 말을 들을 수 없다고 생각되는 일을 하지 않으려고 할 수도 있다. 결국 아이의 행동을 제약하게 되어 적극성을 기르는 데 방해가 된다.

"착하다" 대신에 "인사를 잘하는구나" 또는 "인사 받으니까 기분 좋아"라고 하면 구체적인 행동에 대한 칭찬이다. 아이는 인사를 하는 것이 잘하는 행동임을 알게 된다. 좋은 행동의 결과로 기분이 좋아지고 서로 좋은 관계가 되는 것도 느끼게 된다. 그러면 아이는 더욱 신나서 좋은 행동을 하고 싶어질 것이다. 좋은 행동은 반복되면 좋은 습관으로 길러지고, 좋은 습관은 좋은 성격으로 발전될 것이다.

상대방의 행동결과에 대해 자신의 생각을 표현할 때 '행동에 초점을 맞추는 방법(Do-Language)'과 '태도에 초점을 맞추는 방법(Be-Language)'이 있다. 행동에 초점을 맞추는 것은 평가나 비평 없이 문제행동을 구체적으로 말할 수 있다. 태도에 초점을 맞추는 것은 하나의 행동을 전반적인 특성으로 일반화해버리기 때문에 구체적인 문제행동이 무엇인지 분명하게 전달되지 않는다.

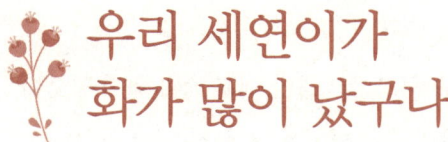
우리 세연이가
화가 많이 났구나
훈계나 설득은 대화를 방해한다

4학년 담임선생님은 아이들을 많이 뛰어 놀게 하려고 매일 한 번씩 체육시간을 두었는데 이 시간에는 아이들을 다 같이 구기 종목에 참여하게 했다.

간혹 다른 반이나 위 학년 언니, 오빠들과도 게임을 하는 경우가 있었다. 그럴 때면 아이는 승부에 예민해져서 화를 다스리지 못하기도 했다.

어느 날 마지막 시간에 체육을 해서 얼굴이 벌겋게 상기되고 땀범벅이 되어 집에 온 아이는 화를 못 참고 씩씩댔다.

"엄마, 오늘 6학년 언니들하고 럭비를 했는데 우리가 졌어."

비슷한 경우에 몇 번씩 아이 마음을 읽어주지 못하고 후회한 경험이 있었기 때문에 그날은 마음의 준비를 하고 다음과 같이 말해줄 수 있었다.

"언니들한테 져서 속상하구나."

"네, 화가 나요. 언니들은 막 반칙을 하고 우리가 조금만 반칙을 하면 소리 지르고 뭐라 하고 그랬어."

"아! 그랬어? 언니들이 반칙을 하고 소리를 질러서 정말 화가 났겠다."

"우리 담임선생님과 체육선생님은 남자팀 시합하는 것만 보고 있고, 그러니 언니들이 반칙하는 것도 보이지 않았겠지. 그래서 얼마나 답답했는지 알아?"

"정말? 선생님도 봐주시지 않으셨어? 너희가 얼마나 억울하고 속상했겠어!"

"맞아!"

"그래서 우리 세연이가 화가 많이 났구나."

아이의 마음은 누그러졌다.

이렇게 몇 번 아이와 이야기를 했더니 아이는 간식을 찾았다.

"엄마. 오늘 간식은 뭐야?"

"바나나, 초코파이."

"와!"

아이는 초코파이를 먹으면서 기분 좋게 학원으로 갔고, 엄마는 노력이 효과를 본 것 같아 마음이 뿌듯했다.

위 내용은 매사에 짜증이 섞이고 조금은 날카로운 사춘기 기운이 도는 4학년 딸아이와 부모역할교육을 시작한 후 변화된 엄마와의 성공사례이다.

학기 초에 내성적인 성격의 아이는 새로운 친구와의 관계에도 스트레스를 받는 것 같았다. 뿐만 아니라 학원 다니는 것도, 집에서 공부하는 것도 힘들다고 투정을 부려서 엄마는 걱정스러운 마음과 함께 때로는 당혹스럽기도 했다.

　방과 후 학원 가는 길에 학교에서 있었던 일로 불만을 토로하면 아이의 감정을 읽어주기보다 훈계와 설득으로 일관해서 대화가 끊겼고, 아이는 불편한 마음으로 학원에 가곤 했다. 일주일간의 영어 숙제는 계획을 짜고도 제대로 지키지 않아 항상 금요일에 몰아 하면서 짜증을 내기도 했다. 그런 상황이 반복되면서 엄마도 화를 참지 못하게 되고 문제만 악화되는 것 같아 불안한 마음이 커졌을 때 부모교육을 받기 시작하게 되었다. 늦었다는 생각도 들었지만 그래도 돌파구를 찾아야 했기 때문이다.

　공부를 시작한 후 먼저 잔소리를 하지 않으려고 노력했지만 아이 마음을 읽어주는 말은 쉽게 할 수 없었다. 그래도 아이 말을 끝까지 들어주려고 노력했다. 차츰 시간이 지났고, 엄마의 상태가 좋을 때는 아이 마음을 읽어줄 수 있게 되었다. 그러면 아이의 기분이 풀리고 화가 한풀 꺾이는 경험을 하면서 엄마의 실력도 노력에 비례해서 발전했다. 요즘 와서는 아이가 학교생활을 신나게 얘기하고 그러면 아이 마음을 신나서 읽어주게 되었다.

　엄마가 먼저 변하니까 아이도 변하면서 상승효과가 나는 것 같고, 아이의 학교생활은 활기차게 변하고 있고 집에서도 공부를 신나게 하고 있다. 계획한 대로 숙제를 하는 것은 물론이고 그날 배운 것을 문제집으로 복습하는 모습을 보면서, 또 딸과의 관계가 좋아진 것을 느끼면서, 엄마가 아이를 좀 더 수용하고 잘해야겠다는 생각도 하게 되었다.

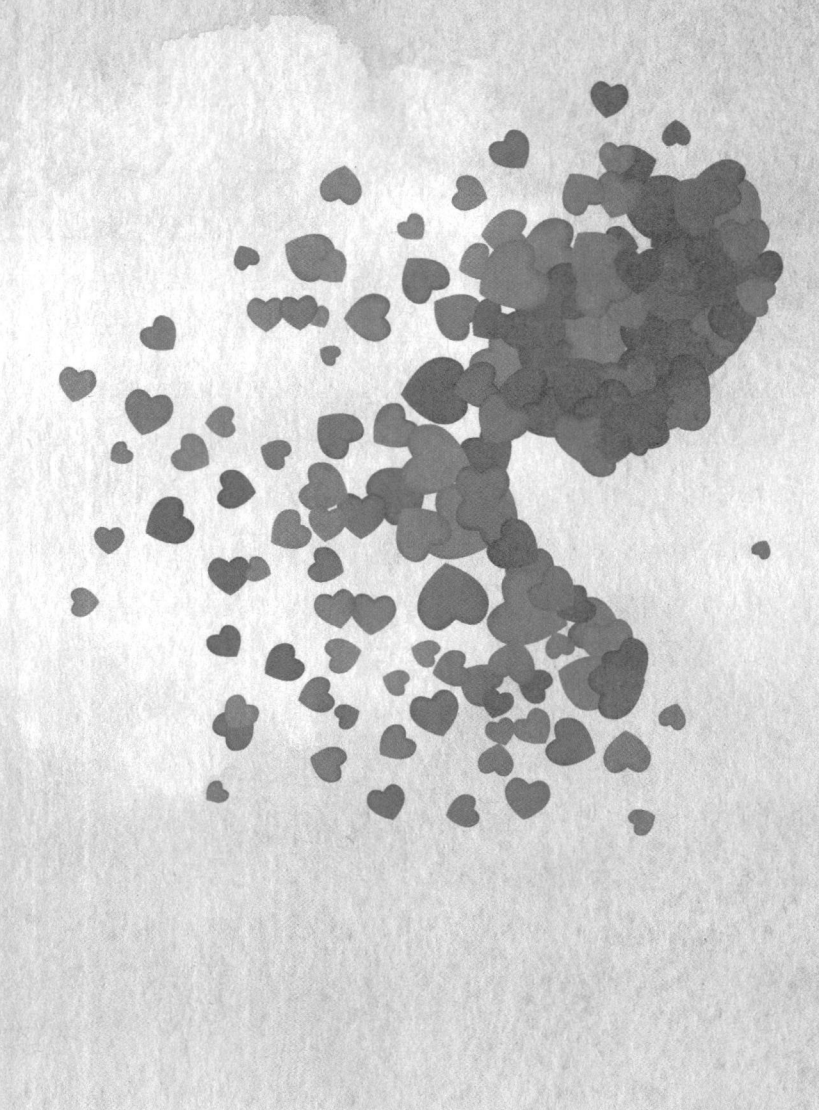

Chapter 4
자존감을 높여주는 엄마 말 한마디

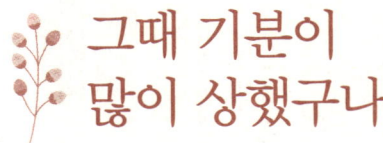
그때 기분이 많이 상했구나

의사소통은 말의 내용보다 말하는 방법과 태도가 더 중요하다

"가가 가가(가)?"

경상도 말로 '가'를 네 번 반복하는 말도 있고, '가'를 다섯 번 반복하는 말도 있다. 네 번의 경우는 "그 아이가 그 아이니?"라는 말이고, 다섯 번은 "그 아이가 가씨 성을 가진 아이니?"라는 말이다.

글로 쓴 것만 볼 때는 무슨 말인지 이해하기 어렵지만 억양을 넣어서 말을 하는 것을 들으면 비로소 무슨 말인지 이해가 된다. 더 나아가 말할 때의 표정이나 분위기에 따라서 좋아하는지 싫어하는지도 알 수 있다.

이처럼 의사소통은 말의 내용과 말하는 방법, 즉 말씨, 음성, 음색, 어투, 억양 등의 언어적 요소와 말하는 사람의 표정, 눈 맞춤, 태도, 손짓, 발짓, 등의 분위기 연출, 즉 비언어적 요소로 이루어진다.

사회심리학자 머레이비언(Albert Mehrabian)은 완전한 의사소통은 언어적 요소 45%와 비언어적 요소 55%로 이루어지고, 언어적 요소는 말의 내용 7%와 말하는 방법 38%로 이루어진다고 했다. 그 비중으로 볼 때 말의 내용보다 말하는 방법이 훨씬 더 중요하고, 언어적 요소보다 흔히 '보디랭귀지'라고 하는 비언어적 요소가 더 중요하다. 전체적으로 보면 말의 내용은 7%에 지나지 않고, 내용 외적인 요소가 93%인 셈이다. 따라서 말하는 사람은 모르고 있거나 의식하지 못하는 미세한 변화나 차이가 의사소통을 좌우할 수도 있다.

다음은 비언어적 요소의 중요함을 알려주는 사례이다. 초등학교 6학년 형빈이 아버지는 요즘 아이가 아빠를 멀리하고 대화하기를 회피하는 것 같아 부모역할교육을 받기 시작했다. 자신은 지금껏 좋은 아빠가 되기 위해 애써왔고 특별히 잘못한 것도 없는 것 같은데 아이의 태도 변화가 무슨 영문인지 몰라 답답해했다. 결국 형빈이 아버지는 의사소통방법에 대해 공부를 하고, 어느 날 아이에게 접근해서 대화를 시도했다.

"형빈아, 아빠는 아들하고 더 친해지고 싶어."

"……."

"전처럼 얘기도 많이 하고 싶은데, 형빈이는 그러고 싶지 않은가 봐?"

"네."

"형빈아, 혹시 아빠가 네 맘을 다치게 한 적 있니? 그렇다면 얘기해줄래?"

아빠의 진심이 통했는지 아이가 얘기를 시작했다.

"아빠, 5학년 2학기 때 생각나세요?"

"글쎄, 그때 무슨 일이 있었지?"

아빠는 특별히 생각나는 일이 없었다.

"아빤 다 잊었을 거예요. 하지만 전 지금도 분명하게 기억나요."

"그래? 무슨 일인지 궁금하네. 아빠가 기억할 수 있게 말해줄래?"

"수학시험 점수가 안 좋았을 때요. 그때 아빠 표정이 어땠는지 아세요? 완전 절 무시하는 표정이었다고요."

"그랬어? 그때 네 기분이 많이 상했구나."

"네, 전 그때부터 아빠가 싫었졌어요."

"그랬구나. 자존심이 상했었구나. 그래서 아빠 가까이 오기 싫었구나."

다행히 아빠는 적절한 의사소통으로 아이의 마음을 읽어주었고 관계를 개선할 수 있었다.

아빠는 아이 말을 듣고 그때 일을 되돌아보니 생각나는 것이 있었다. 시험점수가 기대에 너무 못 미쳐서 몹시 화가 났다. 그랬지만 자신은 화를 참으려 애썼고, 아이에게 야단치거나 비난하지도 않았고, 체벌을 하지도 않았다. 무식한 아빠가 되기 싫었기 때문에 이성적으로 행동하려고 노력했다. 그래서 지금껏 자신이 잘못했다는 생각은 하지 않았다. 그런데 아이 말을 듣고 보니 자신도 모르게 아이를 제대로 보지 못하고 있었던 것을 알았다. 그 일로 형빈이 아빠는 표정관리가 얼마나 중요한가를 깨달았다고 했다.

좋은 대화는 저절로 되는 것이 아니다. 또 하루아침에 완성되는 것도 아니다. 사춘기 아이와의 대화는 특히 어렵다. 부모들은 어떤 말도 통하지 않는다고 어려움을 호소하기도 한다.

　아이의 자존심을 손상시키지 않게 존중하면서 신뢰하는 친밀한 관계를 유지하도록 노력할 수밖에 없다. 그래서 아이의 성장과 함께 부모도 성장해간다고 한다.

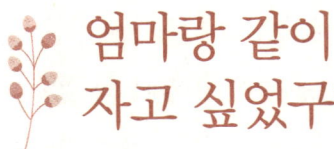# 엄마랑 같이
자고 싶었구나

아이가 사랑받는다고 느낄 수 있도록 해주는 엄마

건물이든 사람이든 기초는 매우 중요하다. 튼튼한 기초는 재해나 어려움을 극복할 수 있는 바탕이 되기 때문이다. 사람의 기초는 유아기에 형성되고, 그 시기에 가장 중요한 것은 아이를 돌봐준 사람과의 관계형성이다. 대부분의 경우는 엄마와의 관계가 이에 해당한다.

학교에서 학생지도의 어려움을 감당하느라 지친 중학교 교사인 엄마는 집에 오면 편히 쉬고 싶었다. 그런데 3살밖에 안 된 아이가 엄마의 사정을 알 리가 없고 엄마를 도와줄 수는 없다. 엄마에게 사랑받고 싶은 아이의 욕구는 충족되지 않았다. 낮에는 엄마의 요구에 맞추고 자신의 욕구를 그런대로 절제했다. 그런데 문제는 밤에 생겼다. 낮동안 억압된 욕구불만이 밤에 문제를 일으키는 것이었다. 잠을 자다가 깨어서 울기 시작하면 엄마는 난감했다. 아이는 달래도 소용이 없고 나무라도 듣지 않았다. 하룻밤도 거르지 않고 밤마다 아이와 씨름을 해야 했다. 아이가 울기 시작하면 피곤한 엄마는 짜증이 나서 아이에게 거칠게 대할 수밖에 없었다.

　엄마는 부모역할교육 공부를 시작하면서 아이가 우는 이유를 알게 되었고 스스로 반성하게 되었다. 자신의 입장만 세워서 아이가 울 수밖에 없는 이유를 생각하기보다 자신을 힘들게 하는 아이라고만 생각한 것이 미안했다. 그날부터 엄마는 아이를 이해하고 수용하기 위한 노력을 했다. 엄마의 마음이 바뀌니 태도와 행동도 바뀌었다. 아이에게 도움을 받겠다는 생각 대신 자신이 아이를 충분히 도와주어야 한다는 것을 깨닫게 되었다.

　아이가 엄마에게 사랑받는다고 느낄 수 있도록 감싸 안아주고 따듯하게 말했다. "자다가 깼구나", "무서운 꿈을 꿨구나", "엄마랑 같이 자고 싶었어?" 등으로 수용하는 말을 했다. 전에 했던 짜증이 날 때 "왜 울어?", "빨리 자야지", "뚝 그쳐", "울지 마, 괜찮아"라고 했던 말을, 그리고 화가 많이 났을 때는 "너 때문에 못살겠다", "정말 너 못 키우겠네"라고 했던 말을 하지 않게 되었다. 힘든 날도 있었지만 엄마의 노력에 비례해서 아이의 잠버릇도 차츰 나아졌다. 얼마 지나지 않아 밤에 자다 깨어서 우는 행동이 사라졌다.

　엄마의 사랑에 대한 신뢰가 생긴 아이는 편안한 밤을 보낼 수 있게 된 것이다. 이렇게 생긴 신뢰관계는 아이의 정신건강에 든든한 기초가 될 것이다.

　인간발달을 8단계로 나누어서 말한 정신분석학자 에릭 에릭슨(Erik Erikson)은 엄마와 기본적인 신뢰감이 형성된 아이는 이후의 다른 사람과의 관계에서도 신뢰감을 갖게 되며, 개방적인 태도를 취하게 된다고 한다. 그렇지 못한 경우에는 타인에 대한 불신감으로 인해 원만한 인간관계를 형성하거나 유지하는 것이 어려운데, 이는 '애착이론'으로 엄마와 유아기 아이의 초기 애착관계가 이후에 발생되는 사회적 관계를 좌우한다고 한다. '애착관계'를 튼튼하게 하기 위해서는 아이에게 관심을 더 많이 갖는 것이 우선되어야 한다. 사랑의 반대말은 미움이 아니고 무관심이다. 그러니 관심은 곧 사랑인 것이다.

아이가 하는 행동에는 원인과 이유가 있다. 엄마 마음에 들지 않는다고 행동을 부정하고 질책하는 것은 문제해결에 도움이 되지 않는다. 아이 행동의 원인을 찾아서 환경과 엄마의 태도를 바꾸려고 하는 노력이 진정한 해결책이다.

행동수정은 아이가 어릴수록, 엄마의 의지와 노력이 클수록 효과적이다. 엄마의 화난 표정은 아이가 먼저 알아차린다. 엄마의 마음속을 아이는 꿰뚫어보고 있다. 2~3세는 인간관계의 기초를 다지는 중요한 시기이다. 이 시기에 충분한 관심과 사랑을 받은 아이는 엄마를 신뢰하게 되고 나아가 세상에 대한 신뢰를 갖게 될 것이다. 우리 아이가 이미 이 시기를 지났다면 어떻게 할 것인가? 기초를 튼튼하게 보강하기 위해서 더 늦기 전에 좋은 관계 맺기에 공을 들이는 것이 최선의 선택이 아닐까 싶다.

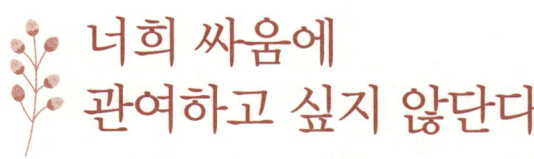
너희 싸움에 관여하고 싶지 않단다

아이들이 싸우면서 크고 싸우면서 정든다

'옛말 그른 것 하나 없다'라는 말이 있다. 옛말은 틀린 게 없다는 뜻인데, 기나긴 세월이 흐르고 여러 시대를 거쳐 전해지면서 잘못된 말은 사라질 것이고 계속 남아서 전해지는 말이 옛말이므로 틀릴 수 없을 것이다. 바꿔 말하면 '옛말은 진리다'라고 할 수도 있을 것이다.

그 옛말 중에 '아이들은 싸우면서 큰다'라는 말이 있다. 또 '형제간은 싸우면서 정든다'라는 말도 있다. 이 시대를 살아가는 부모들이 꼭 음미해야 할 옛말이라는 생각이 든다.

싸운다는 것은 서로 밀착된 관계를 유지하고 있다는 말도 된다. 서로 분리되어서 따로따로 지낸다면 싸울 일도 없어질 뿐만 아니라 친해질 기회도 얻지 못한다. 그러니 형제간에 가까이 지내다 보면 싸우기도 하면서 정도 들게 될 것이다. 자라면서 아웅다웅하더라도 친밀하게 지낸 형제가 커서도 우애 있는 형제가 될 수 있다. 부모들이 진정으로 원하는 것은 아이들이 싸우지 않는 것이 아니라 우애 있는 형

Chapter 4 자존감을 높여주는 엄마 말 한마디 197

제간이 되는 것이다.

그런데 요즘 부모들 중에는 형제간에 싸우고 다투는 모습을 지켜보면서 참아주려고 하지 않는 사람이 많다. 바쁜 현대인들의 차분히 기다릴 수 없는 조급증 탓도 있지만 싸우지 않아야 사이좋은 형제라는 잘못된 고정관념 탓도 있다.

아이들은 사소한 문제로 다투기도 하고 힘겨루기도 해서 이기고 지는 경험하게 된다. 이런 과정에서 서로에 대해 더 잘 이해하게 되고 타협하는 방법을 터득하면서 자연스럽게 인간관계를 공부하게 된다. 그러니 아이들의 싸움을 원천 봉쇄하려고 하거나 부모가 개입해서 판정을 내리고 싸움을 하지 못하게 한다면, 아이들에게 서로를 이해할 수 있는 기회를 뺏는 것이고, 인간관계를 잘 풀어가려는 문제해결 기술을 습득할 기회도 차단하는 셈이 된다.

아이들끼리 싸울 때 부모가 자주 끼어들고 간섭하는 것도 문제이지만 지나치게 방임, 방치해서 위험한 일이 생기게 하거나 다른 사람에게 피해를 주는데도 나 몰라라 한다면 그것도 곤란하다. 간섭하고 끼어드는 부모보다 무관심하고 방임하는 부모는 더 나쁜 부모이기도 하다. 아이들은 부모의 사랑과 관심 속에서 정서적으로 안정감을 갖고 건강하게 자랄 수 있기 때문이다.

다음은 중학교 1학년, 초등학교 5학년 자매를 둔 한 엄마의 사례이다. 아이들은 거의 매일 사소한 일들로 다툼을 벌여왔다. 부모역할교육을 공부하기 전, 엄마는 두 아이가 싸우는 모습이 너무 보기 싫어서 싸울 때마다 끼어들어서 중재를 했다. 그래서 엄마가 생각할 때 제일 잘못했다고 생각되는 아이가 다른 아이에게 억지로 사과를 하게 했고 싸움을 멈추게 했는데 그럴 때마다 아이들은 엄마의 결정에 불만이 많았다.

엄마는 자매간에 싸우는 건 무조건 옳지 않다는 생각을 했기 때문에 아이 각자 입장에선 억울하고 속상한 일이 있어도 어쩔 수 없다고 생각했다. 때로는 아이들끼리 싸우면 누가 잘못했는지 원인을 묻다가 그 원인이 밝혀지지 않으면 벌씌우도 해서 자매간에 서로 남 탓하고 원망하게 하는 상황을 만들기도 했다.

이런 상황이 반복되자 결국 엄마는 부모역할교육을 받게 되었다. 엄마는 차츰 아이들의 다툼을 자연스러운 일로 받아들이게 되었고, 아이들의 자율성을 키우기 위해 개입하지 않으려고 노력했다. 처음에는 엄마의 태도를 이해하지 못한 아이들이 싸울 때마다 먼저 엄마를 찾아와 각자 자신의 입장에서 자기가 옳다고 주장하면서 엄마의 판정을 요청했다.

엄마는 우선 아이들의 말을 귀 기울여 열심히 들었다. 아이 입장에서 들어주고 수용하는 것이 아이의 부정적인 감정을 사라지게 하는 데 가장 효과적이라는 것을 이미 배웠기 때문이었다. 그리고 엄마는 싸움에 관여해서 판정하고 벌세우는 일은 하지 않겠다고 아이들에게 말했다.

엄마의 태도가 바뀌면서 차츰 아이들의 태도도 바뀌었다. 놀랍게도 아이들은 싸우다가도 자기들끼리 잘잘못을 가리고 사과도 하면서 자매 사이가 더 좋아졌다. 물론 지금도 아이들은 사소한 일들로 다투지만 서로 화해하고 문제를 해결하는 방법도 스스로 배워나가면서 다툼은 훨씬 줄어들고 있다. 그리고 엄마는 참견하고 끼어들진 않지만 사랑과 관심으로 느긋하게 아이들의 변화를 지켜볼 수 있는 여유를 갖게 되었다.

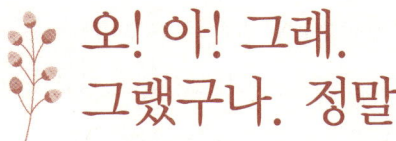
오! 아! 그래.
그랬구나. 정말

의사소통의 어려움이 곧 좋은 부모 되기의 어려움이다

"부모가 자녀에게 말을 잘하는 것과 자녀의 말을 잘 듣는 것, 어느 쪽이 더 중요하다고 생각하십니까?"

공개강좌에서 가끔 학부모에게 했던 질문이다.

'남의 말을 잘 듣는다'고 하면 두 가지 의미가 있다. 하나는 귀 기울여서 남이 하는 말을 열심히 듣는다는 뜻으로 경청을 뜻하고 긍정적인 의미로 쓰인다. 다른 하나는 남이 시키는 대로 순종하고 복종한다는 뜻으로 주체성이 없다는 것을 의미하고 대개는 부정적인 의미로 쓰인다. 이 책에서는 경청의 의미인 잘 듣기에 대해 생각해보자.

위의 질문에 대해, 20여 년 전에는 전자가 중요하다는 사람들이 많았다. 그런데 언제부터인가 후자가 더 중요하다는 사람들이 많아지더니 요즘은 당연히 잘 들어주는 것이 더 중요하다고 모두들 말한다. 이미 잘 알려진 일반화된 지식이 되었기 때문이다.

대부분의 부모들이 자녀 말에 귀 기울이고 잘 들어야 한다고 머리로는 알고 있지만, 실제로 나 자신이 그렇게 실천해야겠다고 가슴으로 느끼고 깨닫는 사람은 많지 않다. 그뿐 아니라 그것을 느끼고 깨달았어도 일상생활에서 실천하기는 더욱 어렵다. 수십 년 동안 몸에 밴 습관이 행동으로 쉽게 고쳐지지 않기 때문이다.

미국 속담에 성공하기 위해서 가장 중요한 것은 좋은 부모를 만나는 것이라는 말이 있다. 그런데 자녀가 부모를 선택해서 태어날 수는 없다. 그렇지만 자녀를 둔 부모가 좋은 부모가 되기 위해서 노력하는 것은 가능하다.

미국 카네기 공대에서 행한 '성공의 비결'에 대한 연구에 의하면, 성공하는 삶은 85%가 인간관계에 의하고, 15%가 실력에 의한다고 했다. 또 인간관계는 의사소통을 통해서 이루어지고, 좋은 소통은 공감능력으로 이루어진다고 결론짓고 있다. 그리고 공감능력은 다른 사람에 대한 관심과 사랑을 갖고 상대의 말을 듣는 것부터 시작할 때 비로소 가능해진다.

공감을 잘하는 것은 다른 사람의 입장이 되어보는 역지사지(易地思之)할 수 있는 능력이기도 한데, 워낙 사람들은 자기중심적이기 때문에 역지사지가 쉬울 리 없다. 그래서 공감능력은 인격적으로 성숙해가는 과정에서 조금씩 발전할 수밖에 없다. 그러니 젊은 부모들이 자녀의 말을 판단하지 않고, 평가하지 않고, 자녀 입장에서 끝까지 잘 들어주기를 실천한다는 것이 얼마나 어려운 일이겠는가? 이것이 바로 이 역지사지의 어려움이 공감하기의 어려움이고, 공감의 어려움이 곧 좋은 부모 되기의 어려움이기도 하다.

그럼에도 불구하고 좋은 부모 되기를 포기할 수 없는 것처럼 잘 듣기를 연습하는 것은 포기할 수 없는 중요한 일이다. 잘 듣기의 기본은 수동적, 소극적 경청이다. 아이 말에 관심을 갖고 주의를 집중해서 잘 듣는 자세를 먼저 취하는 것이다.

아이의 말을 잘 들으려면 아이와 가까운 거리에서 온몸을 아이에게 향하고 아이와 눈높이를 맞추어야 한다. 아이가 말하고 있는데 다른 일을 하거나 다른 데 관심을 두고 있다면 좋은 듣기의 자세가 될 수 없다. 건강한 아이들은 부모의 듣기 자세가 나쁘면 당당하게 자기에게 집중해달라고 요청하기도 한다. "엄마! 내 얼굴을 똑바로 보고 들어주세요", "엄마! 다른 일 하지 말고 내 말부터 들어주세요"라는 식이다. 아이가 하는 말을 중간에 자르거나 끼어들지 말고 끝까지 듣는 연습부터 해야 한다.

잘 듣고 있다는 반응으로는, 눈을 맞추고 웃어주고 고개를 끄덕이는 '비언어적'인 반응이 있고, '언어적'으로는 "오, 아, 그래, 그랬구나, 정말" 등으로 단순하게 말할 수도 있다. 아이가 편안하게 하고 싶은 말을 충분히 할 수 있는 분위기를 만들어주고 듣는 것이 수동적 경청이다. 수동적 경청을 잘하는 부모는 좋은 부모가 되는 조건 중 이미 상당한 조건을 갖추었다고 할 수 있다.

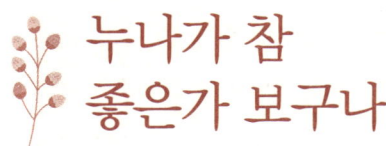
누나가 참 좋은가 보구나
큰아이를 많이 수용하면 동생과의 관계가 좋아진다

초등학교 2학년인 하일이는 엄마와 함께 축구수업을 가다가 엉뚱한 말을 했다.

"엄마, 난 커서 꼭 누나랑 결혼할 거야."

엄마는 누나랑 결혼할 수 있다 없다는 사실을 말해주기보다는 부모역할교육에서 배운 대로 아이의 마음을 읽어주기로 했다.

"누나랑 결혼하고 싶다고? 하일이는 누나가 참 좋은가 보다."

"응, 나는 누나가 너무너무 좋아."

아이는 신이 나서 크게 대답했다.

엄마는 살짝 장난기가 발동해서 물었다.

"그런데 하일이는 누나랑 결혼하고 싶은데 누나 마음이 다르면 어떻게 하지?"

"음…… 그러면 간지럽혀서 나랑 결혼하게 해버릴 거야. 흐흐."

"하일이가 누나를 좋아하는 것 같아서 엄마는 너무 기뻐. 아마 누나도 기쁠 거야. 하일이가 누나랑 결혼하려면 말 더 잘 듣고 더 사랑하면서 사이좋게 지내야 되겠네."

엄마랑 아들은 기분 좋고 재미있게 대화하면서 축구하러 갔다.

그제 저녁, 4학년 딸 하윤이가 스키캠프 가기 전 날이었다. 저녁식사 후 스키켐프에 만 원 이하의 용돈을 갖고 오라 했다고 말을 하자 하일이는 곧바로 자기 방으로 뛰어가더니 만 원을 가져와서 "짠" 하고 누나에게 내밀었다.

"누나. 내가 용돈 줄게. 캠프 가서 맛있는 거 사먹어."

하윤이는 당황한 표정으로 웃으면서 말했다.

"아니야. 나도 돈 있어."

하일이는 며칠 집을 비울 누나에게 용돈을 주고 싶어서 끝까지 만 원을 내밀었다. 결국 하윤이는 하일이가 주는 돈을 받았다. 동생에게 큰돈을 받은 누나는 고민이 되는지 "하일아, 난 뭐해줄까? 기념품 사줄까? 아니면 영화 보여줄까?"라고 동생에게 물었다. 엄마는 딸에게 용돈을 주려고 했는데 동생이 먼저 챙겨주는 것을 보고 무척 흐뭇했다.

어젯밤에는 여느 때와 같이 하일이가 자려고 누웠다가 갑자기 엉엉 하며 큰 소리로 울었다.

"하일아! 무슨 일 있니? 갑자기 왜 울어?"

엄마는 놀란 눈으로 하일이에게 물었다.

"엄마! 누나 보고 싶어, 엉엉."

순간 우습기도 하고, 한편으론 아이 마음이 애처롭게 느껴졌다.

"하일이는 누나가 많이 보고 싶구나."

"응, 엄마."

"누나도 하일이가 보고 싶을 거야."

"진짜? 나도 누나가 많이 보고 싶은데."

이렇게 몇 번 아이의 마음을 다독여주었더니 뚝 그치고 잠이 들었다. 이상은 지난 2년 동안 부모역할교육에 참여한 엄마의 경험사례다.

동생이 누나를 좋아하는 것은 누나가 동생을 사랑하고 챙겨준 결과이고, 누나가 동생을 사랑하고 챙기게 되는 것은 엄마가 큰아이 입장을 이해하고 많이 수용한 결과이다. 엄마가 큰아이에게 지시적이고 권위주의적이면 큰아이는 동생에게 엄마가 자신에게 한 것처럼 지시적이고 권위주의적으로 대하게 된다.

부모는 자녀에게 모델이 될 수밖에 없으므로, 아이를 대하는 엄마의 태도는 형제관계에서도 서로를 대하는 태도에 그대로 반영된다. 형제 사이가 친밀해지고 우애가 있으려면 힘으로 제압하는 관계가 아니고 서로 존중하는 관계가 되어야 한다.

2년 전의 하윤이, 하일이 엄마는 큰아이에게는 지시적이었고, 작은 아이에게는 허용적이었다. 그래서 큰아이는 엄마가 동생만 사랑한다고 질투하기도 하고 억울하다고도 했었다.

지난 2년간 엄마는 꾸준히 큰아이의 입장에서 생각하고 큰아이를 이해하려 노력했다. 엄마가 큰아이를 많이 수용한 결과 누나가 동생을 더 많이 사랑하게 되었고 따라서 남매 사이가 친밀한 관계로 변화된 것이다.

 # 엄마는 기뻐, 흐뭇해, 뿌듯해, 행복해

아이를 믿어주고 칭찬하는 여유도 연습하면 할 수 있다

얼마 전 아이들 기말고사 기간에 있었던 일이다. 전과 다르게 공부를 열심히 안 하는 것처럼 보이기에 걱정이 되어서 엄마가 말했다.

"시험공부를 너무 안 하는 것 같아서 엄마는 걱정이 된다."

초등학교 4학년, 2학년인 자매는 20분 정도 공부를 하고 나더니 저희끼리 다시 놀기 시작했다. 기도하면서 재밌게 놀고 있는 아이들을 보면서 놀게 놔두고 싶어서 엄마는 아무 말도 하지 않았다.

'그래, 시험이 뭐가 중요해. 너희가 즐겁게 노는 모습 보니 좋다', '삶 가운데 배우는 모든 것이 공부이고 놀면서 배우는 것도 많은데 꼭 시험에 그렇게 올인 할 필요가 있을까?' 하는 생각이 들다가도 '그래도 시험 좀 잘 봤으면 좋겠다'는 생각으로 두 마음이 왔다 갔다 했다.

며칠 뒤 시험 결과를 받은 큰아이가 즐거운 모습으로 돌아왔다. 시험 결과를 보여주는데 웬걸! 걱정한 것보다는 결과가 좋았다. 보통 때는 평균 95점 정도 나왔는데 평균 97점을 받은 것이다. 생각한 것보다 아이가 너무 시험을 잘 봐서 놀랐다. 그래서 아이에게 말했다.

"은별이가 시험공부 많이 안 해서 엄마는 이번 시험이 크게 기대하지 않았어."

그랬더니 아이가 대답했다.

"시험 전날 공부 안 했는데도 엄마가 뭐라고 하지 않아서 정말 좋았어요. 엄마! 시험은 스트레스 없이 평소 공부하던 실력대로 보는 게 제일 좋은 것 같아요."

생각해보니 부모역할교육을 받은 3개월 동안 아이는 스트레스가 거의 없었던 것 같았다. 이 교육을 받으며 친구와의 관계에 문제가 생기면 얘기를 잘 듣고 공감해주어서 아이의 부정적인 감정이 저절로 해결되었다. 또한 공부하라고 강요하지 않았더니 아이는 학교에서 열심히 공부하고 집에서 부족한 부분만 공부했던 것 같았다.

평소 집에서 학과 공부 시간은 10분에서 20분밖에 되지 않았는데도 짧은 시간 집중해서 공부했고 나머지 시간에는 놀기도 하고 자신이 원하는 것을 해서 더 즐겁게 했던 것 같았다. 엄마는 이번 시험 결과를 보면서 아이를 더 믿고 격려해줘야겠다는 마음이 들었다. 그리고 전에는 많이 틀린 과목부터 먼저 챙기고 지적했는데 이제는 잘한 과목에 대해서 먼저 칭찬하고 아이를 격려하는 여유도 갖게 되었다.

부모역할교육을 받으면서 특히 많이 좋아지고 변한 것은 칭찬이 쉬워졌다는 것이다. 전에는 칭찬하기가 너무 어려웠다. 아이들이 잘할 때, 사이좋게 지낼 때도 칭찬할 생각을 하지 못했다. 칭찬하는 일이 쑥스럽고 어색해서 하지 않았다. 때로는 칭찬을 못하는 자신에 대해서 답답해하고 속상해하기도 했다.

그런데 솔직하게 내 마음을 터놓고 말하는 '나-전달법'을 배우고 연습하면서 자연스럽게 내 생각, 내 감정을 표현하는 것이 쉬워졌고 칭찬도 잘하는 엄마가 되었다.

"엄마는 네가 그렇게 해서 기뻐. 기분 좋아. 흐뭇해. 뿌듯해. 행복해" 등의 긍정적인 표현이 잘되었다. 그랬더니 아이들도 좋아하고 엄마 마음도 편해져서 모녀관계가 더욱 좋아지는 것 같다.

위의 사례에서 중요한 두 가지에 대해 생각해보자. 그 하나는 공부는 자발적으로 할 때 효과적이라는 점이다. '말을 물가에 데리고 가는 것은 사람이지만 물은 말이 스스로 먹어야 한다'는 말이 있다. 이처럼 공부는 억지로 되는 것이 아니다. 스스로 해야 효과적이고, 스스로 공부하고 싶은 마음은 스트레스를 받지 않을 때 더 많이 생긴다.

다른 하나는 칭찬의 효과이다. 자녀와 좋은 관계를 갖기 위해서 뿐만 아니라 자녀의 좋은 행동을 강화시키기 위해서도 칭찬은 더할 나위 없이 좋은 방법이다.

평소 칭찬을 안 하는 엄마가 칭찬을 잘하는 엄마가 되는 것도 중요하고, 칭찬방법이나 칭찬내용이 적절한 것도 중요하다. "잘했다", "똑똑하다", "착하다"와 같이 평가적인 칭찬을 하는 것보다 엄마의 긍정적인 감정을 알려주는 칭찬은 더욱 바람직한 칭찬방법이다.

약속을 지키는 것은 중요하단다
부모가 하는 단정적인 말의 함정

아이의 실수를 용납하지 않는 완벽주의의 부모들은 강조해서 말하기를 좋아한다. 한 번에 확실하게 전달하고 싶거나 강조하지 않으면 아이가 말을 잘 듣지 않는다고 생각하기 때문이다. 부모의 강조하는 말에 익숙해질수록 아이는 부모의 말을 아예 무시해버리거나 아니면 부모 말을 따르지 못하는 자신에 대해 실망하고 위축될 수도 있다. 그럴수록 부모는 더욱 강조하는 것이 유일한 답이라고 생각하게 되어 악순환이 계속되기도 한다. 그런 강조에 자주 쓰이는 말에는 다음과 같은 것들이 있다.

'반드시, 꼭, 항상, 당연히, 절대로, 틀림없이'와 같은 단정적 말에는 교육적으로 부적절한 함정이 포함되어 있다. 한편 부드럽고 고운 말을 써서 부담감을 주지 않으면서 바라는 바대로 이끌 수 있는 방법도 있다.

단정적인 말과 적절한 말을 비교해보면 다음과 같다.

〈단정적인 말 / 적절한 말〉

"약속은 반드시 지켜야 해." / "약속을 지키는 일은 중요하단다."

"숙제는 꼭 해야 돼." / "숙제를 잘했으면 좋겠다."

"너는 항상 고운 말을 쓰도록 해." / "고운 말을 쓰도록 하렴."

"학생은 당연히 학교에 가야 해." / "학생이 학교에 가는 것은 중요한 일이야."

"형제간에 싸우는 것은 안 되는 일이야." / "사람들과 사이좋게 지냈으면 좋겠어."

"엄마가 시키는 대로 틀림없이 해야 돼." / "엄마가 말한 것, 잘해줬으면 좋겠다."

약속을 지키는 것은 중요한 일이다. 그러나 불가피하게 약속을 지킬 수 없는 경우도 있다. 숙제는 해가는 것이 맞지만 때로는 숙제를 못 해갈 사정이 생기기도 한다. 거친 말이나 욕을 하는 것보다 고운 말을 쓰는 것은 바람직하다. 그러나 항상 고운 말을 쓰라고 하면 부담스럽기도 하다. 학생은 학교에 가는 것을 우선해야 하지만, 결석한다고 나쁜 학생이라고 단정 지을 수 없다. 친구나 형제와 사이좋게 지내는 일은 바람직하지만, 친하다 보면 다툼이 생길 수 있다.

이처럼 모든 걸 엄마가 시키는 대로 틀림없이 해야 한다면, 아이는 부담스러워서 피하고 싶어질 것이다. 그렇다면 위의 말을 다음과 같이 바꾸어보면 어떨까. 느낌이 달라질 것이다.

우리 아이들은 세상살이에 유연하게 적응하는 방법도 부모와의 관계에서 배우게 된다. 교육학에는 '절대는 절대로 없다'는 말이 있다. 어떠한 이론도 수정의 여지가 있다는 말이다. '절대'는 신의 영역이고 인간은 절대적인 존재가 될 수 없다. 실제로 부드럽고 유연한 사람은 풍부한 적응력을 발휘하는 반면, 지나치게 강직하고 딱 부러지는 사람은 비타협적이라 사회생활에서도 좌충우돌하고 부적응하게 된다.

부모는 아이에게 바람직한 행동을 권장할 의무가 있다. 그런가 하면 아이에게는 실수하면서 배울 권리가 있다.

"실수를 하면서 배우는 거야", "실패는 두려운 것이 아니야"라고 아이를 안심시키도록 하자. 아이도 완벽에 대한 부담이 적을 때 마음 놓고 시작할 수 있다.

양궁선수는 활을 쏜 횟수가 늘어날수록 적중시키는 확률도 높아진다. 야구선수는 안타의 확률을 높이기 위해 무수한 타격연습과 실수를 감수한다. 모두가 잘 아는 성공의 법칙이다. 아이도 성장하면서 많은 시행착오를 경험해야 성공에 가까이 다가갈 수 있을 것이다.

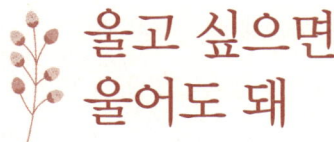
울고 싶으면
울어도 돼

부정적인 감정은 통제하지 말고 해소하게 하자

건강한 사람은 대체로 자신의 의지대로 행동을 통제할 수 있다. 행동보다 스스로 통제하기 어려운 것이 생각이고, 생각보다 더 어려운 것이 감정이다. 감정은 자연발생적이고 자신의 의지로 통제하기 어려운 것이다.

생각에는 윤리와 도덕이 있고, 행동에는 더 엄격한 윤리와 도덕의 기준이 적용된다. 따라서 나쁜 행동을 하면 지탄받고 처벌도 받는다. 나쁜 생각을 하면 나무랄 수도 있고 스스로 죄의식을 갖기도 한다. 그런데 부정적인 감정에 빠졌다고 나무라거나 죄의식을 갖는 것은 적절치 않다. 감정은 자신의 의지대로 되지 않고 자연스럽게 왔다가 자연스럽게 사라지는 것이기 때문이다.

부정적인 감정에서 해방되기 위해서는 감정 자체를 해결하려고 하는 것보다 감정해소에 도움이 되는 적절한 행동을 찾아보는 것이 좋다. 예를 들면 아침에 등교준비를 하는 아이와 실랑이를 하고 혼자 남아서 속상한 엄마는 무엇을 하면 좋을지 생각해보는 것이 좋다. 아이를 원망하거나 자신의 부족함을 자책하면서 부정적인 감정에 빠져 있으면 마음은 우울해지고 몸에는 힘이 빠진다. 더 심해지면 머리가 아프거나 온몸이 아프기도 한다. 부정적인 감정이 신체적인 반응으로 나타나는 것이다.

감정보다 더욱 자신의 의지대로 통제하기 어려운 것이 신체적인 반응이다. 속상하거나 화가 나는 감정을 내 마음대로 조정하기 어렵다. 더욱 어려운 것은 머리가 아프거나 배가 아프거나 온몸에 진땀이 나는 상황 등의 신체적인 반응이다.

부정적인 감정에 빠지기 전에 기분 전환을 위해 행동을 바꿔보는 것이 좋다. 마음이 통하는 친구에게 전화를 해서 이런저런 이야기로 수다를 떨어도 좋고, 가벼운 외출을 해도 좋다. 친구와 전화를 하는 동안에 새로운 관심이 생기고 다른 생각을 하게 되면서 부정적인 감정이 자연스럽게 사라질 수도 있다. 또 외출을 해서 보고, 듣고, 느끼고 새로운 환경을 만나보자. 이렇게 하면 아침에 있었던 아이와의 실랑이가 잊히고, 부정적인 감정이 사라질 것이다.

아이가 울고 있다면 부정적인 감정이 넘쳐서 눈물이라는 신체적 반응이 아이에게 나타난 현상이다. 아이는 눈물을 흘리면서 부정적인 감정을 해소하고 있는 것이다. 따라서 아이가 울거나 눈물을 흘리는 것을 금지시키거나 혼내는 것은 적절치 않다. '남자는 일생에 3번만 울어야 한다'고 아이에게 훈계하는 가혹한 부모도 있다. 울지 않는 아이로 키우는 것이 강한 아이로 키우는 것이라고 착각하는 부모도 있다. 씩씩하게 용감하게 키우는 것과 울지 못하게 하는 것은 별개의 문제다.

아이에게 울고 싶을 때 울도록 하고 눈물이 흐를 때 흐르도록 둬야 한다. "울고 싶으면 울어도 돼"라고 아이를 안심시킬 필요가 있다. 감정을 억누르면 또 다른 문제를 낳기 때문이다.

아이에게 감정통제를 무리하게 강요하는 것은 위험하다. 억눌린 부정적인 감정이 아이의 정신건강을 해치고 어느 날 폭발하여 자신과 타인에게 피해를 입힐 수 있다. 부모들이 흔히 하는 말 "울지 마", "꾹 참아"를 버리고 아이에게 울 수 있는 자유를 주자. 부정적인 감정은 그때마다 씻어버리고 건강한 아이로 자라게 하자.

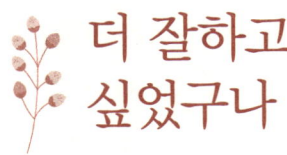
더 잘하고 싶었구나

아이에게 잠재된 능력은 최대한 발휘하게 하자

아이는 시험공부를 열심히 하느라고 했는데 막상 점수가 기대한 만큼 잘 나오지 않을 수 있다. 또 다른 작업의 결과가 만족스럽지 않을 수도 있다. 이때 아이는 실망하고 속상해한다. 안쓰러운 부모는 아이를 위로하고 안심시키기 위해 달랜다. 부모의 기준이 너그럽고 여유 있을 때 더욱 그렇다. 부모가 보기에는 별문제가 아니거나 그 정도도 충분히 잘했다고 생각하기 때문이다.

그래서 대개 다음과 같이 말하곤 한다.

"괜찮아, 충분히 잘한 거야."

"다음에 더 잘하면 되지."

"이만큼 하기도 힘들겠네."

"넌 똑똑한 아이란다, 자신감을 가져."

"더 잘하지 않아도 된단다, 걱정하지 마."

부모가 이렇게 말하면 실망한 아이에게 진정으로 위로가 될까? 아이의 입장에서는 부모에게서 이해받지 못한 느낌이 들 것이다. 더 잘할 수 있는 자신의 실력을 몰라준다고 생각하면 부모에게 자신이 과소평가를 받는 느낌이 들 수도 있다. 부모와 아이의 관계가 좋고 아이의 실망 정도가 가벼울 때는 이러한 말들이 물론 아이에게 도움이 될 수 있다. 부모에게 혼나거나 야단맞는 것보다는 훨씬 나으니까. 하지만 아이가 진정으로 원하는 것은 부모에게 지금의 마음을 이해받는 것이다. 아이는 결과에 만족하지 않고 더 잘하고 싶었는데 뜻대로 되지 않아서 실망하고 있는 것이다.

부모가 아이에게 해줄 수 있는 적절한 말은 "더 잘하고 싶었구나", "기대만큼 결과가 나오지 않아서 실망했구나", "지금 많이 속상했구나" 등 아이의 현재 감정을 수용하고 공감해주는 말이다.

이렇게 이해받고 공감을 받은 아이는 현재 느끼고 있는 부정적인 감정에서 빨리 해방된다. 더 나아가서 감정이 정화되면 자신의 문제를 객관화시켜서 볼 수 있는 능력도 갖게 된다. 따라서 결과에 대한 분석을 하고 부족한 결과의 원인을 찾아서 더 잘할 수 있는 방법을 모색하고 노력하게 될 것이다. 즉 스스로 문제를 해결하는 능력을 키우게 되는 것이다.

다음과 같은 예도 있다. 한 엄마는 아이의 기를 살려주는 것이 무엇보다 중요하다고 생각했다. 초등학교에 입학한 후 아이의 받아쓰기나 시험성적이 기대에 못 미칠 때도 "이 정도면 잘했다", "괜찮다, 걱정하지 마" 등으로 아이를 위로했다. 행여나 기가 죽을까 염려하는 마음이 앞섰기 때문에 야단치는 일이 없었다. 그랬더니 학년이 올라갈수록 아이는 태평스러워졌고 공부에 전혀 욕심을 내지 않게 되었다. 5학년인 아이는 바닥인 성적표를 가져와서도 이렇게 말한다.

"엄마, 나 잘했지? 나보다 못하는 애들이 더 많아요."

이 아이의 엄마는 아이가 욕심이 없는 것이 자기 탓이라고 생각되어 속상하다고 했다. 성적이 기대에 못 미친다면 아이의 마음을 읽어주는 것과 함께 부모의 솔직한 마음을 알려주는 것도 필요하다.

"엄마는 서운하다. 좀 더 잘하기를 기대했단다", "조금 더 노력하면 더 잘할 수 있을 거야", "다음에는 더 잘했으면 좋겠다" 등으로 말해서 아이가 노력할 필요를 깨닫게 하는 것이 좋다.

아이의 잠재된 능력을 최대한 발휘하도록 하는 것이 부모의 희망이다. 지금보다 더 잘할 수 있는 아이가 노력하지 않는 것은 속상한 일이다. 부모의 말 한마디에 아이는 더 노력하고 싶기도 하고, 더 이상 노력할 마음이 사라지기도 한다. 아이의 마음을 잘 읽고 격려하는 것과 부모의 솔직한 마음을 아이에게 전달하는 것이 중요하다.

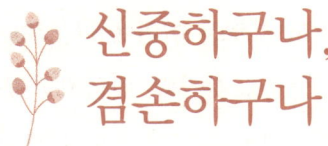
신중하구나, 겸손하구나

어릴 때 인정받고 성취한 경험은 자신감의 원천이다

　장점 찾기 게임을 하거나 칭찬할 목적으로 아이에게 장점을 말해보라고 하면 당당하게 자신의 장점을 찾아서 말하는 아이도 있지만, 장점을 찾지 못하거나 쑥스러워서 말하지 못하는 아이도 있다. 이럴 때 성급한 부모들은 실수를 하기 쉽다. 빨리 찾아보라고 다그치거나 왜 찾지 못하느냐고 핀잔을 주기도 한다.

　아이들이 칭찬에 인색한 부모 밑에서 성장하면서 긍정적인 자아인식을 할 기회가 없을 수도 있다. 긍정적인 자극을 많이 받고 자란 아이들은 자신의 장점을 인식하고 그것을 드러내는 데 어려워하지 않는다. 반면 부모에게서 그런 기회를 갖지 못한 아이들은 자신의 장점을 인식하지 못하고 자신의 장점을 찾는 것을 어려워한다. 아이들은 부모에게서 어떻게 인정받느냐에 따라 자신을 인식하기 때문이다.

　자신감이 부족하고 긍정적인 자아인식이 안 된 아이에게는 더 많은 격려와 적절한 칭찬이 필요하다. 아이가 하는 행동에는 긍정과 부정의 양면이 있다. 자신감이 부족하고 위축되어 있는 아이에게는 부모의 긍정적인 시각이 무엇보다 필요하다. 장점을 찾지도, 말하지도 못하는 아이를 긍정적인 눈으로 본다면, 신중하고 겸손한 태도를 가졌다고 볼 수 있다.

"넌 참 신중하구나", "장점 말하기를 망설이는구나. 넌 정말 겸손한 아이구나"라고 말하는 것과 "넌 그것도 못 찾니? 바보같이", "장점도 몰라? 빨리 생각해봐"라고 말하는 것은 큰 차이로 아이에게 인식될 것이다.

"난 장점이 없어요", "난 단점밖에 없어요"라고 하는 아이도 있다. 이때도 "왜 없어, 찾아봐", "장점이 없다니 말이 되니"라고 다그치는 것은 좋지 않다. 차분히 생각할 수 있도록 여유 있는 태도를 보이면서 격려하는 것이 좋다. "장점에 대해 생각할 기회가 없었구나", "장점이 빨리 떠오르지 않구나", "평소에 자신의 단점을 많이 생각했나 보다" 등으로 아이의 마음을 그대로 수용한 다음 답을 찾도록 도와주는 것이 좋다. "잘 생각해보면 장점을 찾을 수 있을 거야", "네가 잘할 수 있는 것이 많이 있을걸", "네가 스스로 괜찮다고 느낀 것이 장점이란다" 등으로 말해서 아이에게 용기를 주는 것이 좋다.

"그러면 친구하고 잘 노는 것도 장점이에요?", "목욕을 잘하는 것도 좋아요?", "밥을 맛있게 먹는 것도 괜찮아요?", "저녁에 일찍 자는 것도 장점이에요?"라고 아이가 자신이 찾은 장점을 말한다면 충분히 인정해서 자신감을 갖도록 도와줄 필요가 있다.

"그럼! 장점이란다", "잘 찾았구나", "잘 생각하고 장점을 찾아서 좋아"라고 따뜻하게 격려하는 부모가 되었으면 좋겠다.

　장점을 찾아보라는 부모의 질문에 빨리 대답을 못하는 아이에게 "신중하구나", "겸손하구나" 하고 인식하도록 긍정적인 자극을 주었을 때와, "생각이 없다", "멍청하다"고 부정적인 자극을 주었을 때 그 결과는 분명히 달라진다.

　어릴 때 인정받고 성취한 경험은 일생을 적극적으로 살아갈 수 있는 힘의 원천이 된다. 자신감이 부족한 아이일수록 장점을 찾아서 인정하고 작은 성공도 크게 기뻐해주자. 또 아이의 단점이라고 생각했던 것에서 장점의 가능성을 찾아보자.

 # 기발하구나, 창의적이구나, 참 좋은 생각이구나

통제를 덜 받을수록 창의성은 커진다

아이와 의논을 해야 할 때 아이의 엉뚱한 반응에 당황스러운 경험을 하기도 한다. 아이는 부모의 기대와 전혀 다른 예기치 않은 말을 할 때도 있기 때문이다. 어른들은 오랜 경험을 통해서 상황에 맞는 적절한 답을 갖고 있지만 아이들은 그렇지 않다. 아이들은 하나하나가 새로운 경험이고 생각이 열려 있으므로 다양한 답을 찾는다. 때로는 어른 기준에서 보면 상식적이 아닌 답을 찾기도 한다.

이때 부모는 자신의 기준으로 판단해서 거부하거나 비판하기 쉽다. "그건 아니잖아", "생각 좀 하고 말하렴", "넌 정말 엉뚱한 애야"라고 말을 하다가 더 심해지면 "말도 안 되는 소리 하지 마", "너한테 기대한 내가 잘못이지" 등으로 말해서 아이의 기를 죽이고 창의성의 싹을 자르는 실수를 하게 된다.

기발한 생각을 하거나 창의적인 아이의 말은 부모의 고정관념으로 듣기에는 엉뚱할 수가 있다. 부모의 기준에 맞는 상식적인 말은 이미 창의적인 것이 아니다. 부모의 기대에 맞는 말을 하도록 요구하는 것은 아이의 창의성을 키우지 않겠다는 것과 같다. 부모보다 나은 아이로 키우고 싶어 하면서 부모보다 못한 아이로 키우는 방법에 머무르고 있어서는 안 된다. 부모의 통제나 간섭에서 해방될수록 부모보다 나은 아이, 창의적인 아이로 커갈 것이다.

전 세계적으로 창의적인 사람들에 대한 연구에 의하면 창의적인 사람은 양쪽 부모 밑에서 성장한 경우보다 조실부모한 경우가 많다고 한다. 아이의 창의성을 키우기 위해서는 부모역할이 부정적으로 작용할 수 있다는 것을 말하는 통계이다.

사랑과 관심이라는 이름으로 아이를 위해서 최선을 다하는 부모의 역할이 낳을 수 있는 부작용에 대해 진지하게 생각해볼 필요가 있다. 보호한다는 명분으로 통제하고 가르치기 위해서 구속하고 잘 키우기 위해서 부모의 틀에 맞추고 있지 않는가?

부모가 받아들이기 힘든 아이의 엉뚱한 말에 어떻게 반응하는 것이 좋을까를 생각해보자. "새로운 방법이구나", "그렇게 생각했구나", "참 기발하구나", "엄마는 그 생각을 못했어" 등으로 말하여 아이의 말을 거부하지 않고 의견을 존중하는 태도를 보일 필요가 있다. 이러한 말은 아이의 말을 찬성하거나 그대로 실천하겠다는 뜻은 아니다. 해결책은 다시 한 번 생각해보고 의논해서 결정할 수 있다.

아이의 의견이 부모가 받아들이기 곤란하다면 정직하게 말하면 된다. "그 방법은 곤란하단다, 왜냐하면……", "어떻게 하지, 그 방법은 엄마에게 문제가 생긴단다", "엄마는 다른 방법으로 하고 싶은데……"

등으로 말해서 아이와 계속 의논할 수 있다. 만일 아이의 의견을 부모가 받아들일 수 있다면 "그렇게 하자구나", "엄마도 좋아", "참 좋은 생각이구나" 등으로 말하고 해결책으로 결정할 수 있을 것이다.

부모나 교사의 통제를 덜 받을수록 창의성은 커진다. 법규를 지키는 일 등 최소한의 규제 외에는 아이에게 자율권을 많이 주고 기를 살리면 좋겠다. 그렇게 해서 아이의 잠재능력을 개발하고 창의성을 키운다면 개인도, 사회도, 국가도 한층 발전할 수 있지 않을까.

너희가 싸우면 엄마는 속상해

부모가 관여할수록 아이들은 더욱 경쟁한다

초등학교 5학년, 2학년인 형제는 자주 다툰다. 모범적이고 얌전한 편인 큰아이와 자기주장이 강한 작은아이는 사소한 일에도 의견충돌이 많다.

어느 날 저녁, 작은아이가 큰아이를 놀려서 싸움이 시작되었다. 예전 같으면 "제발 조용히 해"라고 소리쳤겠지만 그날은 참견하고 싶은 마음을 누르고 싸우는 것을 지켜보았다.

그랬더니 잠시 후 큰아이가 인상을 쓰며 엄마에게 말했다.

"준성이가 자꾸만 애기라고 놀려요."

"애기라고 놀렸어? 네가 무척 속상하겠구나."

"네."

대답하는 아이의 얼굴이 밝아졌다. 계속해서 큰아이가 말했다.

"하지 말라고 매일 부탁해도 자꾸 해요."

"그래서 싫었구나."

"네."

큰아이 얼굴이 금세 환해졌다. 이번엔 심통 난 얼굴을 하고 있던 작은아이가 말했다.

"형아가 자꾸 소리 지르잖아요"

"형아가 자꾸 소리 질러서 기분 나빴구나."

이번에는 작은아이의 마음을 읽어주었다. 그랬더니 작은아이는 놀란 얼굴로 엄마를 쳐다보면서 대답했다.

"네."

두 아이는 언제 그랬느냐는 듯 편안한 얼굴을 하고 있었다.

평소에는 누가 잘못했는지 따져서 사과하게 하고 포옹까지 억지로 시켰다. 그러면 할 수 없이 포옹은 해도 아이들의 표정은 여전히 굳어 있었다. 그러나 억지로 포옹시키지 않고 엄마는 하고 싶은 말을 아이들에게 했다.

"너희가 큰 소리로 싸우면 엄마는 마음이 아프고 속상해."

이 말을 마친 후 엄마는 남아 있는 할 일을 했고, 그날 저녁 두 형제는 유난히 사이좋게 깔깔거리며 잘 놀고 있었다.

형제자매가 심하게 경쟁적이고 자주 다투는 경우를 보면 대체로 부모에게 원인이 있다. 아이들 문제에 부모가 지나치게 관여해서 잘잘못을 가리거나 어느 한쪽 편을 들기도 하고 아니면 함께 벌씌우거나 억지로 화해를 시키기도 한다. 이러한 방법들은 모두 부모의 의지대로 하기 때문에 아이들이 친밀하고 좋은 관계를 유지하는 데 도움이 되지 않는다. 억울하고 화나는 감정이 해소되지 않으면 상대에 대한 미움이

나 원망이 남기 때문에 사소한 일에도 다툼이 생기기 때문이다.

 형제자매 간에 우애가 있고 사이좋게 지내기를 원한다면 아이들 문제에 덜 관여하는 것이 바람직하다. 아이들끼리 스스로 해결하는 과정을 통해 서로 이해도 생기고 인간관계 능력도 키우게 된다. 위험한 상황 등 특수한 경우를 제외하면 부모가 먼저 끼어들지 않는 것이 좋다. 그렇지만 아이가 도움을 요청할 때는 관심을 보이는 것이 좋다.

 엄마에게 도움을 요청하는데도 무시하거나 "엄마한테 말하지 말고 네가 해결해" 또는 "엄마는 너희 싸움에 끼어들지 않을 거야" 하고 거부하는 것은 좋지 않다. 아이에게 사랑이 부족한 엄마로 인식될 수 있기 때문이다. 판단이나 평가는 하지 않고 도움을 요청하는 아이의 마음을 읽어주는 것으로 아이를 도와주면 된다.

 위 사례의 엄마처럼 도움을 요청하는 아이에게 차례로 마음을 읽어주면 두 아이는 사이좋은 관계가 된다.

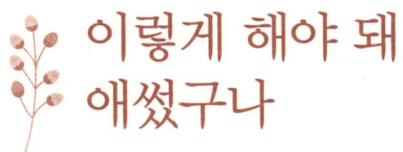
이렇게 해야 돼.
애썼구나

엄격해야 할 때와 자애로워야 할 때

전통적으로 바람직한 우리의 부모상은 엄부(嚴父), 자모(慈母)였다. 전통 농경사회에서 아버지는 생활하는 방법을 가르쳐야 하므로 엄격할 필요가 있었다. 그런가 하면 어머니는 따뜻하게 감싸주고 보살펴주는 자애로운 역할을 했다.

자녀를 잘 키우기 위해서는 엄격함과 자애로움이 함께 필요하다. 그런데 한 사람이 엄격하기도 하고, 자애롭기도 하기는 어렵다. 따라서 아버지, 어머니가 그 역할을 나누어서 하도록 한 것이다. 산업사회 이후 현대의 부모들은 엄모(嚴母), 자부(慈父)의 형태로 많이 바뀌었다. 아버지가 집에 머무는 시간이 적어짐에 따라 자녀를 가르치는 역할은 어머니에게 맡겨지게 되었다. 자연히 가르치는 역할을 하게 된 어머니는 엄격해져야 하고 아버지는 자녀의 스트레스를 풀어주고 감싸주는 자애로운 모습으로 변화된 것이다. 어느 쪽이 엄격하고 어느 쪽이 자애로워야 하는 것보다 중요한 것은 부모가 적절히 엄격해야 할 때 엄격하고 자애로워야 할 때 자애로워야 한다.

  양 부모가 그 역할을 균형 있게 하지 못하거나 한 부모 가정인 경우에는 아버지나 어머니 중 한 사람이 엄격함과 자애로움을 같이 실천할 수 있어야 한다. 옳고 그른 것을 가르칠 때 즉 법규를 지키고 윤리 도덕을 말할 때는 엄격해야 한다. 부모의 권위도 있어야 하고 때로는 단호할 필요도 있다. 그런가 하면 아이가 힘들어 하거나 스트레스를 받은 경우는 따뜻하고 너그러운 부모, 자애로운 부모가 되어야 한다. 엄격한 것과 자애로운 것은 서로 대립되는 개념이 아니고 단지 서로 다른 개념일 따름이다.

  부모가 다 같이 엄격할 경우 아이는 외롭다. 어머니가 엄격하게 잘못을 꾸짖고 있을 때 아버지도 함께 아이를 나무라는 것은 좋지 않다. 반대로 아버지가 꾸중하는데 어머니가 아버지 편을 드는 것도 마찬가지다. 이럴 때 아이는 외톨이가 된 기분이 든다. 아버지든 어머니든 먼저 나무라는 사람이 있으면 덩달아 편들기를 하지 않는 것이 좋다. 한 사람은 아이의 불편한 마음을 어루만지고 보듬어줄 필요가 있다. 부모가 다 엄격한 경우 아이가 반항하거나 가출할 수도 있다.

  반면 부모가 다 같이 자애로운 경우 아이는 기가 지나치게 살아서 기고만장할 수 있다. 특히 자애로운 역할을 잘 못하여 아이가 원하는 대로 다 해주고 무조건 아이 편을 든다면 자기밖에 모르는 천방지축으로 커갈 수 있다. 다른 사람과 타협하고 다른 사람을 배려할 수 있는 능력을 키우지 못하기 때문에 곤란하다. 이런 사람은 사회생활에서 환영받을 수 없고 소외되기 쉽다.

한 사람이 엄격하기와 자애롭기 두 가지 역할을 다 하기가 쉽지 않다. 하지만 불가능한 일은 아니다. 좋은 부모가 되기 위해서 끊임없이 노력하고 도전할 가치가 충분히 있는 일이다.

가르칠 때는 엄격하게 "이렇게 해야 돼"라고 말하고, 보살펴줄 때는 자애롭게 "애썼구나"라고 할 수 있는 부모가 되었으면 좋겠다. 엄격할 때 엄격하고 자애로워야 할 때 자애로운 부모는 전통적인 부모상이기도 하지만 현대의 부모에게도 필요한 이상적인 부모상이다.

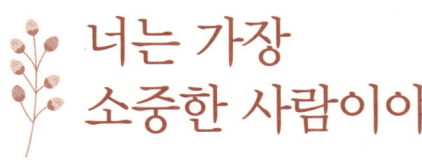
너는 가장
소중한 사람이야

아이에게 부모는 우주 그리고 세상 전부이다

　모든 사람은 한 사람 한 사람 다 가장 소중한 존재이다. 상대적으로 비교해서 더 소중하고 덜 소중한 사람은 없다. 아이에게 가장 소중한 사람이라고 말해주는 것은 중요하다. 큰아이에게는 엄마, 아빠의 첫 번째 사랑이니까 가장 소중하다고 말할 수 있다. 둘째에게는 엄마, 아빠의 특별한 아이니까 가장 소중하다고 말 할 수 있다. 셋째나 막내에게는 이 세상에 하나밖에 없는 존재이니까 가장 소중하다고 말해줄 수 있다.
　한 아이, 한 아이에게 가장 사랑한다, 가장 소중하다고 말할 때 큰애가 질문을 할 수도 있다. "엄마는 누구를 더 사랑해요?"라고. 상대적인 비교가 이미 생활화되어 있었기 때문에 아이가 하는 질문이다. 아이의 질문에 직접적인 답을 해서 "너를 동생보다 더 사랑해"라거나 "너하고 동생하고 똑같이 사랑해"라고 할 필요는 없다.
　다음과 같이 대답해보면 어떨까?

"둘 중에 누구를 더 사랑하는지 궁금했구나."

그리고 계속해서 말한다.

"엄마는 너도 가장 사랑하고, 동생도 가장 사랑해. 엄마는 너희에게 줄 수 있는 사랑이 많거든."

이 정도로 충분하지 않는다면 더 말할 수도 있다.

"그런데 때때로 엄마 마음이 변해. 어떨 때는 너를 가장 사랑하는 것 같고, 어떨 때는 동생을 가장 사랑하는 것 같단다."

형제간이나 다른 아이와 비교할 필요는 없다. 그 아이 존재 자체를 소중하다고 말하면 된다. 부모가 아이를 소중하게 생각하는 마음만큼 아이에게 부모의 마음은 전달될 것이다. 아이에게 부모는 우주이고 세상 전부여서 부모의 사랑을 받는 아이는 우주를 다 갖는 것과 같다. 자신감을 갖고 적극적으로 세상을 살아갈 수 있는 힘을 얻는 것이다.

그러나 때로는 아이 스스로 가장 소중한 사람이라고 느끼는 것을 부모의 잘못된 태도가 방해한다. 다른 아이와 비교하는 것이 문제다.

"지민이는 엄마 말을 잘 듣는데 너도 지민이처럼 해봐", "형이면 동생에게 좋은 본을 보여야지. 어떻게 동생보다 못하니", "똑같이 배웠는데 넌 왜 틀렸니? 현수는 맞았는데" 등으로 비교할 일도 많다. 비교하는 말을 들으면 아이는 자신이 열등하다고 생각한다. 자신이 소중하지 않은 존재, 하찮은 존재로 느껴지는 것이다. 아이가 잘못했을 때 나무라고 가르치는 것이 잘못된 것은 아니다. 단지 자신의 존재를 못났다고 느끼게 하는 것이 문제인 것이다. 비교하지 않고 아이의 잘못된 행동을 알려주면 된다.

"서진아, 엄마가 말한 것을 지켜줬으면 좋겠어", "서진아, 방 청소를 하지 않으면 엄마 할 일이 많아서 힘들어", "서진아, 배운 걸 틀렸네. 문제가 뭔지 엄마랑 같이 생각해볼까?"라고 말한다면 아이는 자신이 못난 것이 아니라 자신이 한 행동이 잘못되었다고 생각하게 된다. 그리고 더 좋은 사람이 되기 위해서 더 좋은 행동을 하고 싶은 마음이 생길 것이다. 잘못한 행동은 고칠 수 있지만 못난 존재는 바꿀 수 없다.

아이가 부모에게 인정받기를 원할 때, 사랑받기를 원할 때 "너는 가장 소중한 사람이란다. 사랑해", "네가 내 아들(딸)이라서 행복해"라고 말하면 된다. 부모의 사랑을 아이가 느낄 수 있도록. 울리지 않는 종은 종이 아니고 표현하지 않는 사랑은 사랑이 아니라고 했다.

자신이 가장 소중한 사람이라고 생각하는 것과 기고만장하여 다른 사람을 배려하지 않는 것은 다르다. 내 인생의 주인공이 자신이라는 주체성을 길러주되 다른 사람을 존중하고 더불어 살 수 있는 능력도 키워주어야 한다. 다른 사람을 존중하고 사랑할 수 있는 사람은 자신을 소중하게 생각하고 사랑하는 사람이 될 수 있다.

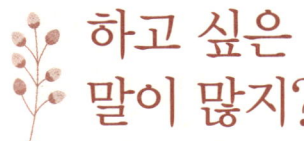 # 하고 싶은 말이 많지?

경청은 가르치기보다 본보기가 중요하다

아이에게 남의 말을 잘 듣는 능력을 키워주는 것은 참으로 중요한 일이다. 잘 들을 수 있는 사람이 말을 잘하는 방법도 터득하게 된다. 잘 듣고 잘 말하는 것은 의사소통을 잘하는 것이고, 의사소통의 능력은 곧 좋은 인간관계를 가질 수 있는 능력이다.

듣기의 중요성을 아는 부모 중에는 아이에게 성급하게 잘 듣기를 강조하고 또 강요해서 문제를 일으키기도 한다. 아이들이 말을 배우는 과정을 보면 우선 듣고, 들은 대로 따라 한다. 그래서 청각에 장애가 있으면 말하기를 배우기가 어렵다. 들은 다음 말하는 것이 자연스러운 순서다. 그런데 아이는 아이 수준에서 듣기를 한 후 말하기를 연습하려 한다.

말하기는 말하기 나름대로 연습과 시행착오를 거쳐 숙달된다. 말하기에 재미를 붙인 아이는 말하기 연습을 신이 나서 한다. 그러면서 스스로 필요한 만큼씩 듣기에 집중하게 된다. 이러한 특성을 이해하지 않고 아이가 말이 많다고 나무라거나 듣기를 지나치게 강조하는 것은 적절하지 않다. 아이에게 잘 듣기는 매우 어려운 일이다. 가르치고 강요해서 되는 것이 아니고 생활 속에서 터득하게 해야 할 일이다. 아이의 말을 귀 기울여서 잘 들어주는 부모의 태도가 우선되어야 한다. 대개 아이는 말을 많이 하고 부모는 말하기보다 듣는 태도가 바람직하다. 부모의 이러한 태도를 보고 배운다면 성장하면서 잘 듣는 아이로 서서히 변해갈 것이다.

잘 듣는 경지에 도달한 것을 이순(耳順)이라고 한다. 공자님도 60세에 비로소 도달한 경지다. 50세에 지천명(知天命)했는데 '이순'은 '지천명'보다 더 어렵다는 뜻이다. 다른 사람의 말을 고까워하지 않고 편안하게 끝까지 들을 수 있는 인격이 되는 것을 의미한다. 동양철학을 강의하는 한 대학교수는 대학원 시절 공자를 전공하면서 깊은 의문에 빠진 적이 있었다고 했다. '지천명'보다 '이순'이 더 늦었다는 것을 그 시절에는 이해할 수 없었다고 했다. 그래서 공자를 연구하는 사람들이 착오로 '지천명'과 '이순'을 바꿨을지도 모른다는 생각을 끊임없이 한 시절이 있었다고 했다. 그런데 인생의 경륜이 깊어지면서 터득한 결과는 '이순'이 참으로 어렵다는 사실이라고 했다.

공자님도 60세에 비로서 '이순'했는데 평범한 부모로서 아이를 키우는 과정에 만족스럽게 '이순'을 실천하기는 어려운 일이 틀림없다. 다만 중요한 것은 잘 듣기를 연습하고 실천하려는 끊임없는 의지와 노력이다.

듣기가 중요하다는 것을 이론으로 아는 부모와 듣기를 아이에게 실천해서 보여주는 부모는 분명히 다르다. 잘 듣기를 실천하는 부모에게서 자란 아이는 성장한 다음 잘 듣기가 말하기보다 중요한 것을 알게 될 것이고 역시 잘 듣기를 실천할 것이다.

경청은 가르쳐서 되는 것이 아니고 경청하는 부모의 본을 생활 속에서 보고 느껴야 된다. 경청은 이론을 알아서 되는 것이 아니고 꾸준히 연습하고 실천할 때 서서히 몸에 익힐 수 있는 기술과 같은 것이다. 숙련된 기술처럼 경청이 몸에 밴 부모는 아이에게 좋은 모델이 될 수 있을 것이다.

미안하다
부모는 인정받고 존경받는 권위가 필요하다

"미안하다"고 말하는 것은 지나치면 모자람만 못하다. 세상 살아가는 이치가 과유불급(過猶不及)이고 사람이 하는 일은 정도가 지나치면 차라리 모자란 것보다 못하기 때문이다.

부모가 자녀에게 "미안하다"고 말할 수 있는 것은 용기로 볼 수 있다. 진심으로 자녀에게 잘못했다고 생각될 때 "미안해"라고 말하는 것은 필요한 일이고 적절한 행동이다.

서양 사람들이 영어로 "미안해(I'm sorry)"라고 하는 것과 우리가 "미안하다"고 하는 것은 차이가 있다. 문화가 다르고 언어습관이 다르기 때문이다. 서양 사람은 "미안하다"는 말을 일상적으로 쉽게 쓰는 것 같다. 개인주의가 발달했고 민주적인 대인관계가 뿌리를 내리고 있는 서구 사회에서는 "미안하다"는 말을 "내가 잘못했다"거나 "내가 틀렸고 네가 맞다"는 말로 받아들이지 않는 것 같다.

반면 전통적으로 수직적인 인간관계에서 살아온 우리는 서양 사람과 다르다. 우리의 언어습관은 "잘하고 못하다", "맞고 틀리다", "옳고 그르다"의 기준으로 구분하려고 한다. 따라서 "미안하다"고 말한 사람은 아랫사람이고 그 말을 듣는 사람은 윗사람으로 인식되어왔다. 민주적이고 수평적인 관계가 아닌 권위적이고 수직적인 관계에 익숙해 있다. 부모가 자녀에게 "미안하다"고 말할 때 자녀는 무의식적으로 부모 위에 군림하려는 생각을 갖기 쉽다.

우리의 문화와 언어습관으로 볼 때 부모의 지나친 "미안하다"는 부작용을 낳을 수 있다. 어느 날 아이가 "엄마 잘못했잖아? 빨리 미안하다고 해"라고 해서 황당한 경험을 한 어머니도 있다.

부모는 권위가 있어야 한다. 군림하는 권위가 아니고 인정받고 존경받는 권위가 필요하다. 부모가 저자세로 행동해서 아이에게 만만하게 보이고 아이가 함부로 대하게 만드는 것은 잘못이다. 꼭 필요할 때는 "미안하다"고 해야겠지만 대부분의 경우에는 "미안하다"를 다른 말로 바꿀 수 있어야 한다. 상황을 사실대로 말해서 이해를 구할 수도 있고 부모의 감정을 솔직하게 표현해서 "미안하다"는 말을 대신할 수도 있다.

예를 들면 아이가 집에서 기다리고 있는데 피치 못할 사정으로 귀가가 늦었다. 이 경우 "미안하다"는 말보다 "많이 기다렸지"라고 아이 마음을 읽어준 다음 "엄마가 늦어서 마음이 조마조마했단다" 또는 "엄마는 네가 기다릴 생각에 몹시 초조했단다"라고 하면 아이는 엄마 마음을 이해할 수 있다.

예를 하나 더 들어보겠다. 아이의 잘못을 심하게 꾸짖은 후 아이가 풀이 죽어 있는 모습을 보고 안타까워서 "미안하다"고 사과할 수도 있지만 "엄마도 마음이 아프단다. 엄마가 심하게 나무라서 속상했지?"라고 할 수도 있다. 이와 같이 부모의 마음을 솔직하게 개방하고 아이의 마음을 읽어주는 것은 더 진솔한 대화이다. 이러한 대화를 통해서 부모와 아이는 더 잘 통하는 관계가 되고 서로를 존중하는 사이가 될 수 있다.

좋은 관계는 서로 존중하면서 친밀한 관계이다. 부모가 저자세를 취하게 되면 아이는 버릇이 없어진다. 부모의 솔직한 태도는 바람직하지만 비굴하게 느껴지면 곤란하다. 아이 앞에서 당당한 부모가 되어 존경받는 부모로 남아야 한다.

 # 고맙다
좋은 대화는 하루아침에 완성되지 않는다

"전화가 끝날 때까지 기다려줘서 고마워."
"아침에 한 번만 깨워도 일어나줘서 고마워."
"밥이랑 반찬을 맛있게 먹어서 고마워."
"엄마를 믿고 솔직하게 말해줘서 고마워."

일상생활에서 찾아보면 고마워할 일은 무수히 많다. 똑같은 일을 두고 고마워할 수도 있고, 무심히 넘겨버릴 수도 있다. 그런가 하면 아이와의 관계가 좋지 않거나 부모의 마음이 불편할 때는 잘한 일을 보아도 좋게 보이지 않고 칭찬할 마음이 생기지 않는다. 적절한 칭찬을 하기 위해서는 기본적으로 좋은 관계를 갖는 것이 우선되어야 한다. 또 부모가 건강하고 편안한 상태면 마음에서 우러나는 칭찬을 할 수 있다. 부모의 기대수준이 높고 아이에 대한 욕심이 많은 경우에는 아이가 잘해도 칭찬할 거리가 안 될 수 있다. 부모가 욕심을 버리고 기대수준을 낮추는 것은 부모와 자녀 모두 함께 행복해지는 길이기도 하다.

우스개로 말하는 행복한 결혼생활의 비결이 있다. 그 답은 배우자에 대한 기대수준을 낮추는 것이다. 이렇게 부부관계든 부모자녀관계든 행복은 내 마음 먹기에 달려 있는 것이다.

지금까지 대수롭지 않게 생각했거나 무심코 지나쳤던 아이들의 행동 하나하나를 새로운 시각으로 바라보자. 긍정적인 눈으로 본다면 고마워하고 칭찬할 일들이 많아질 것이다. 아이들이 평소 듣는 말의 87%가 부정적인 말이라는 통계도 있다. 부모의 눈에는 잘한 것보다 잘못한 것이 먼저 보이고 격려의 말보다 지적의 말이 먼저 나온다. 따라서 칭찬은 저절로 되기보다 마음먹고 찾아야 제대로 된다.

아이의 행동이 부모의 기대수준에 못 미치고 지적할 것이 많을수록 부정적인 말보다 긍정적인 말의 효과가 크다. 좋지 않은 행동을 반드시 고쳐야겠다는 조급한 마음이 앞서게 되면 눈에 거슬릴 때마다 지적하게 된다. 부모의 지적을 반복적으로 듣게 되는 아이는 차츰 무감각해지고 잔소리로 생각해버린다. 부모의 나무람을 받는 것으로 자신의 잘못은 상쇄되었다고 생각하기 때문에 행동수정에는 전혀 효과가 없다. 그뿐 아니라 잔소리는 두 사람의 관계에도 나쁜 영향을 미친다. 예를 들어 방 청소를 잘하지 않는 아이에게 방이 지저분할 때마다 깨끗이 치우라고 말하는 것은 효과적인 방법이 아니다. 부모의 기준으로 깨끗한가를 평가하지 말고 아이의 행동 변화를 눈여겨볼 필요가 있다.

어느 날 조그만 변화, 즉 방바닥에 놓여 있던 책이 책상 위에 있거나, 침대 위에 걸쳐 놓았던 옷이 옷걸이에 걸려 있다거나, 방바닥에서 흔히 볼 수 있던 휴지조각이 사라졌을 때 지나치지 말고 말하는 것이 좋다. "책이 모두 책상 위에 놓여 있네. 방이 한결 깨끗해 보인다", "옷이 옷걸이에 걸려 있으니까 보기가 좋구나", "방바닥에 휴지조각이 없으니까 기분이 상쾌해진다" 등으로 말해서 아이의 변화된 행동을 인정해줄 필요가 있다. 열 번의 꾸중보다 한 번의 인정과 칭찬이 더 큰 힘을 갖기 때문이다.

아이와의 대화는 예술이라고 말한 학자도 있다. 좋은 대화는 저절로 되는 것이 아니고, 또 하루아침에 완성되는 것도 아니다. 긍정적인 시각으로 아이를 보고 한마디의 인정과 칭찬을 하는 것은 아이의 바람직한 행동을 강화하는 데 큰 힘이 된다. 부모의 말은 아이를 무너뜨리기도 하고 세우기도 한다.

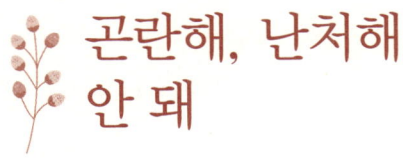

곤란해, 난처해, 안 돼

지나친 허용도 곤란하다

아이에게 분별력을 갖게 하는 것은 매우 중요하다. '세 살 버릇 여든 간다'는 말은 누구나 다 알고 또 자주 인용한다. 그런데 말을 잘 알고 인용하는 것만큼 세 살 버릇을 잘 들이기 위한 적절한 노력은 하지 못하는 것 같다. 세 살 버릇의 중요성을 지나치게 인식하고 잘못 적용해서 어린아이에게 가혹하게 단련시키거나 다른 사람들 앞에서 꾸짖고 비난하여 자존감에 손상을 입히는 부모가 있는가 하면, 크면 저절로 해결될 것으로 착각하고 아이의 잘못된 버릇을 방치하거나 오히려 조장하는 부모도 있다.

잘못을 지적하고 일깨워야 할 일인데도 예쁘고 귀여우니까 방치한다면 아이는 잘못된 말과 행동을 거듭하게 되고 습관으로 굳어질 수 있다. 때로 지적을 하되 가볍게 하거나 장난스럽게 하여 부모의 뜻이 아이에게 잘못 전달되기도 한다. 아이의 행동이 잘못되었다고 생각될 때는 즉각적으로 언어적, 비언어적(행동)인 방법으로 단호하게 말해야 한다.

 단호하다는 것은 화를 내거나 큰소리로 말하는 것과는 다르다. 때로는 조용히 말하는 것이 더 힘 있는 말이 되기도 한다. 표정과 말과 행동이 한 가지 메시지로 전달되어야 한다. 만일 웃으면서 잘못을 지적한다면 아이는 부모의 말보다 웃는 얼굴에 집중하기 때문에 자신이 잘못했다고 생각하지 않게 된다.

 예를 들어 아이가 방바닥이나 벽에 낙서를 하는데 엄마가 웃으면서 "엄마 속상해"라고 한다면 아이는 엄마가 낙서하는 것을 좋아한다고 생각한다. 아이는 엄마가 좋아하는 행동이니까 계속하려고 할 것이다. 그런가 하면 "엄마 속상해"를 속상한 표정으로 말한다면 아이는 자신의 행동이 잘못되었음을 느끼게 된다. 여러 상황에서 부모의 표현이 아이에게 잘못 전달되는 이유는 화를 내지 않았기 때문도 아니고, 큰 소리로 말하지 않았기 때문도 아니다. 아이가 이해할 수 있도록 정확한 표현을 하지 않은 것이 그 이유이다.

 "안 돼"라는 말은 가능한 한 줄일 필요가 있지만, 꼭 필요할 때는 단호하게 말해야 한다. 위험한 상황이거나 다른 사람에게 피해를 주는 행동을 할 때는 엄격한 표정으로 짧고 단호하게 "안 돼"라고 해야 한다. 부모의 의지를 확실하게 전달할 필요가 있기 때문이다. 조금 여유를 갖고 말해도 될 상황이라면 "안 돼"라는 말 대신에 부모의 입장과 감정을 말하는 것이 좋다. "엄마가 곤란해, 네가 큰 소리로 얘기하면 다른 사람이 싫어한단다", "엄마 입장이 난처해, 다른 사람에게 미안하단다" 등으로 상황을 알리고 부모의 감정을 드러내 보이는 것이 좋다. 금지사항은 "안 돼"로 확실하게 알리고 곤란하거나 난처한 상황은 솔직하게 부모의 감정을 전달해야 한다. 부모의 사랑이 담긴 말은 아이의 마음에 닿게 되어 있다.

아이의 기를 살려야 된다는 생각으로 아이가 원하는 대로 통제하지 않고 다 허용하는 것은 곤란하다. 그렇게 되면 자기중심적이고 참을성 없는 무절제한 어른으로 커갈 것이니까. 반면 일찍 버릇을 잡아야 된다는 생각으로 지나치게 통제하는 것도 곤란하다. 그렇게 되면 기가 꺾인 아이는 자신의 능력을 키우지 못하게 된다. 중요한 것은 부모의 분별력과 균형감각이다.

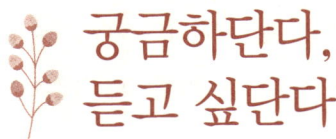
궁금하단다, 듣고 싶단다
편안한 마음으로 자신을 개방하자

유치원이나 초등학교 저학년의 나이 어린 아이들은 궁금한 일이 있을 때 부모가 직접적인 질문을 하면 별다른 저항 없이 이야기를 한다. "오늘 무슨 일이 있었니?", "옷에 흙이 많이 묻었는데 왜 그랬어?", "기분이 안 좋아 보이네. 친구하고 다퉜어?" 등으로 보이는 대로 궁금한 것을 물어볼 수 있다.

하지만 부모의 질문에 스스로 답을 잘하던 아이가 커가면서 달라지기 시작한다. "왜 그랬어?", "누가 그랬니?", "그래서 어떻게 됐어?", "언제부터 그랬어?" 등의 직접적인 질문은 대체로 아이의 잘못을 캐묻기 위해 하게 된다. 아이의 대답을 들은 부모는 아이의 잘못을 찾게 되고 알게 된다. 그다음 자연스럽게 부모는 아이에게 가르치려고 하게 될 것이다. 따라서 잘못을 진단하고 분석해서 아이에게 잘못을 반복하지 않도록 주의를 주게 된다. 이러한 대화가 계속되면서 아이는 부모에게 말하는 것이 자신에게 불리해짐을 알게 된다.

아이는 차츰 변하기 시작하여 초등학교 고학년쯤 나이가 들게 되면서 부모와의 대화를 싫어하게 된다. 어렸을 때 하던 것처럼 직접적인 질문을 하면 대답을 회피하거나 저항하는 경우가 많아진다. "별일 아니에요", "캐묻지 마세요", "얘기하고 싶지 않아요" 등으로 말하거나 심한 경우에는 대꾸조차 하지 않는다. 부모는 궁금하고 답답하지만 대화는 단절될 수밖에 없다. 직접 질문을 하면 대답을 강요하는 느낌이 들어 부담을 준다. 조금만 강하게 말하면 추궁하거나 캐묻는 느낌이 들게 할 수도 있다. 부모와 자녀는 긴 세월 동안 대화를 해왔고 자녀는 어릴 때부터 부모와의 대화에서 많은 경험을 해왔다.

부모와 자녀는 수직적인 관계에서 부모는 군림하고 자녀는 순종하는 관계를 맺어온 것이다. 대화를 통해서 자녀가 자신을 개방하면 부모는 진단하고 판단해서 결론을 내려왔다. 아이의 입장에서는 숨기지 않고 말을 했기 때문에 받는 불이익을 경험해온 것이다. 아이가 성장하면서 이러한 불이익에서 자신을 보호하고 싶어지는 것이다. 따라서 부모가 캐묻듯이 하는 질문에는 대답을 회피하는 것이다.

위의 직접적인 질문(직접화법)을 간접적인 질문(간접화법)으로 바꿔보겠다. "오늘 무슨 일이 있었는지 궁금하단다", "옷에 흙이 많이 묻었는데 어떻게 된 일인지 듣고 싶구나", "기분이 안 좋아 보이는데 엄마가 알고 싶은데" 등으로 말하는 방법이다. 말끝에 부모의 마음을 덧붙였다. 말은 "아" 다르고 "어" 다르다. 조그만 차이가 큰 느낌의 차이로 다가갈 수 있다. 아이는 대답을 강요받거나, 추궁당하고, 캐묻는다는 느낌이 줄어지면 좀 더 편안한 마음으로 자신을 개방할 수 있게 될 것이다.

    캐묻기나 추궁하는 질문은 아이의 말문을 닫게 만든다. 잘못을 전제로 하는 질문은 죄인을 다루는 느낌이 들게 한다. 부모와 아이 사이에 대화의 벽을 만들고 대화를 단절시키게 된다. 부모의 궁금한 마음을 알려서 아이가 말하고 싶도록 하는 것이 좋다.

 # '틀린 것'과 '다른 것'은 다르단다

상호 존중은 서로의 차이를 인정하는 데서 비롯된다

언제부터인지 '다르다'와 '틀리다'의 쓰임이 혼란스러워졌다. "'다르다'와 '틀리다'는 서로 다른가? 아니면 틀린가?"라고 질문한다면 그 답은 '다르다'이다. 젊은이 사이에서 "다르다"고 해야 할 것을 "틀리다"고 말하기 시작하더니 어느새 남녀노소를 가릴 것 없이 많은 사람들이 잘못 쓰고 있는 것 같다. 대중매체의 '바른 말' 코너에서 지적을 하지만 대세를 바꾸기에는 역부족인 것 같은 감이 든다. 말은 생각의 표현이다. 현대인들의 생각의 변화가 곧 말의 변화로 나타난 것이다.

'틀리다'는 '맞다'의 반대개념이고, '다르다'는 '같다'의 반대개념이다. 네 생각과 내 생각이 "틀린다"는 자신은 인정하고 상대를 부정하는 말이고, 네 생각과 내 생각이 "다르다"는 상호 인정과 상대에 대한 존중을 담고 있는 말이다. 맞고 틀린다고 하는 것이 하나의 잣대로 재는 것이라면, 서로 다르다고 하는 것은 각각의 잣대로 재는 것이다. 경쟁사회를 살고 있는 현대인들은 자신도 모르게 끊임없이 다른 사람과 경쟁하려고 한다. 상대를 부정함으로써 자신이 우월해지고 싶고, 경쟁에서 이기고 싶은 것이다. 또한 현대 정보화 사회의 특성이 "빨리 빨리"와 함께 "맞고 틀리고"의 결정을 요구하기도 한다.

이러한 상대부정과 속도화의 필요성들이 인간관계에서 잘못 적용되어 나타난 결과가 언어의 변용과 오용인 것 같다. 서로 다른 것을 인정하고 존중하는 태도로 의논해야 할 것들을 "맞다, 틀리다"로 단칼에 잘라버리고 있는 것이다.

부모와 자녀 간의 대화에서 부모가 아이에게 모범이 되는 말과 행동을 보임으로써 아이로 하여금 올바른 언어생활을 할 수 있도록 했으면 좋겠다.

"얘야, 산과 바다는 틀린 것이 아니라 다른 것이란다."

"네 마음과 내 마음은 틀린 것이 아니고 다른 것이란다."

"그 소리와 이 소리는 다르고, 그 맛과 이 맛은 다르단다."

"사랑을 하는 것과 사랑을 받는 것은 다르단다."

"'틀린 것'과 '다른 것'은 다르단다."

세상은 맞는 것과 틀린 것으로 존재하는 것보다, 서로 다른 것으로 존재하는 것이 훨씬 많다. 특히 인간관계의 문제는 상황에 따라 다르다(case by case). 고부간의 갈등에서도 시어머니와 며느리의 입장이 다르고 생각이 다르다. 그래서 '안방에서 들으면 시어머니 말이 맞고, 부엌에서 들으면 며느리 말이 맞다'는 옛말도 있다. 따라서 어느 쪽이 맞고, 어느 쪽이 틀린다고 말하기 어려운 것이다. 단지 서로의 입장이 다르기 때문에 각자의 처지에서 이해하는 것이 바람직하다. 서로 다른 것을 인정하고 존중할수록 개인도, 사회도 편안하고 평화로울 것이다. 그런 자세를 지니고 있다면 다른 사람과 더불어 건강하게 행복하게 살 수 있을 것이다.

민주주의의 뿌리가 깊이 내릴수록 토의, 토론 문화가 꽃피울 수 있다. 민주주의는 상호 존중에서 비롯되는 것이고, 상호 존중은 서로의 차이를 인정하고 '틀린 것'과 '다른 것'의 인식을 정확히 하는 것에서부터 시작해야 한다.

# 네가 하고 싶은 게 중요해

인간은 스스로 절실하게 필요할 때 실천한다

"공부 문제만 아니면 아이하고 싸울 일이 없어요."
"공부만 아니면 좋은 부모가 되기 쉬워요."
부모들이 이구동성으로 하는 말이다. 공부 때문에 화나고 속상하는 일은 시도 때도 없이 생긴다. 한순간의 화를 참지 못하고 생각 없이 뱉은 한마디 때문에 난감하고 기막힌 사건이 발생하기도 한다.
한 엄마는 초등학교 2학년 아이의 숙제를 도와주다가 아이의 태도가 못마땅해서 "너 공부하기 싫으면 책가방 갖다버려"라고 하면서 나무랐다. 한참 시간이 흐른 후 숙제를 다시 도와주어야겠다는 마음으로 아이에게 가방을 가져오라고 했다. 그랬더니 아이는 엄마가 책가방을 버리라고 해서 갖다버렸다고 했다. 아이를 앞세워 버린 장소에 가봤더니 책가방은 이미 사라지고 없었다. 버린 책들을 다시 구하느라고 엄마만 혼이 났다.
학력이 중요한 우리 사회의 풍토에서 아이의 공부문제에서 자유로운 부모는 흔치 않다. 그런 부모는 참으로 용기 있는 부모일 것이다.

엄마, 아빠 중에서 한 사람이 공부문제에 자유롭다고 해서 그 집에 문제가 사라지거나 아이가 해방될 수도 없다. 두 사람의 태도가 상반되면 오히려 갈등도 크고 아이도 더 혼란스러울 수밖에 없다. '공부를 잘해야 된다. 그렇지 않아도 된다'를 놓고 서로 자신의 주장이 옳고 상대방이 틀렸다고 비난하는 동안 공부보다 더 중요한 여러 가지를 놓치게 된다. 공부보다 더 중요한 것은 부모가 화합하는 화목한 가정이고 아이가 하고 싶은 것이 무엇인가를 알고 도움을 주는 일이다.

논어에 있는 말씀이다. '성상근(性相近) 습상원(習相遠)'이라 했다. 인간은 태어날 때 차이가 없지만 학습을 통해서 차이가 생긴다는 것이다. 그러니까 공부는 해야 한다. 학생에게만 공부가 필요한 것은 아니다. 발전적인 삶을 살고자 하는 사람은 누구나 인생을 마감할 때까지 공부해야 한다. 그런데 스스로 하고 싶어서 하는 공부인지 강요 때문에 하는 공부인지가 문제다. 또 공부를 하는 목표가 좋은 대학에 진학하기 위해 성적을 올리는 것이 전부여서는 곤란하다. 평생학습시대를 살아가면서 끊임없이 성장하기 위해서는 자신감을 키우고 도전 정신을 갖는 것이 중요하다. 그리고 사람은 하고 싶은 것을 할 때 더 신나고, 신나게 할 때 성취도도 높아진다.

초등학교 때, 즉 아동기의 성공 경험은 평생 동안 자신감의 원천이 된다. 성공은 저절로 오는 것이 아니라 적극적인 시도와 시행착오를 동반한다.

어떻게 하면 시행착오를 감당하면서 실패를 두려워하지 않고 더 많은 성공 경험에 도전할 수 있을까? 아이가 하고 싶은 것을 하도록 기를 살려주면 된다. "네가 하고 싶은 것이 중요해"라고 말하고 지지해 주자. 자발적인 행동이라야 좋은 습관으로 남는다.

경영의 귀재로 아흔다섯 살까지 장수한 마쓰시타 고노스케는 자신에게 세 가지 행운이 있었다고 했다. 첫째, 열한 살에 조실부모해서 일찍 철이 든 것. 둘째, 어려서부터 몸이 아파서 건강에 겸손한 것. 셋째, 초등학교 4학년 때 중퇴해서 배움에 겸손하게 된 것 등이다. 인간은 스스로 절실하게 필요할 때 실천한다.

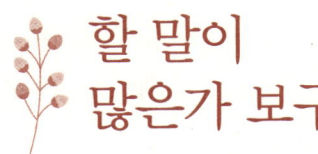
할 말이
많은가 보구나
듣기와 말하기를 4대1로 하면 더 좋다

고등학교 2학년 큰딸 때문에 많이 속상한 국문과 교수인 엄마가 고백했다.

"딸이 어릴 때 늘 '요점만 말해'라고 말했던 것이 후회스러워요."

유치원 다닐 무렵부터 엄마는 습관적으로 "요점만 말해"를 반복했다. 바쁜 엄마가 아이의 장황한 이야기를 다 듣기 힘들었고, 엄마 기준에서 아이에게 말하는 법을 가르쳐야 한다는 생각으로 해왔던 말이었다. 아이가 초등학교 저학년이었던 어느 날, 친구들과 놀면서 한 친구에게 엄마의 행동을 따라서 검지를 입에 대고 "요점만 말해"라고 하는 것을 보았다. 그때만 해도 엄마를 따라 하는 그 모습이 재미있다고 생각했고 그 행동에 문제가 있다는 생각을 하지 못했다.

엄마에게 꼭 필요한 말만 하는 아이는 엄마 말을 잘 듣는 착한 모범생으로 컸다. 그런 아이가 중학교 2학년 무렵부터 엄마에게 반항하고 공부를 열심히 하지 않더니 성적이 점점 떨어졌다. 엄마는 아이를 돕고 문제를 풀기 위해 아이와의 대화를 잘하고 싶었다. 그러나 아이와의 대화는 빗나가기 일쑤였고 점점 아이는 엄마와의 대화를 거부했다. 마음이 절실해진 엄마는 부모교육을 받기 시작했고, 아이가 어릴 적에 아이 말을 귀 기울이고 충분히 들어주지 못한 것을 때늦게 후회했다.

말을 잘하기 위해선 먼저 말을 잘 들어야 한다. 청각에 장애가 있으면 말하는 것을 배우지 못한다. 말하기보다 말 듣기가 우선되어야 한다. 흔히 귀는 두 개, 입이 한 개인 것은 듣기를 말하기보다 두 배로 하라는 하늘의 뜻이라고도 한다.

많은 부모들은 말을 잘하는 것보다 잘 듣는 것이 중요하다고 알고 있다. 그러나 정작 아이 말을 잘 듣는 것을 일상생활에서 실천하는 사람은 많지 않다. 더욱이 듣기가 중요하다고 생각하는 부모 중에는 어린 자녀 말을 스스로 들으려 하기보다 아이에게 말을 하지 말고 남의 말을 들어야 한다고 가르치기부터 한다.

아이는 가르치는 대로 크기보다 부모를 본 대로 따라 하면서 큰다. 부모가 아이 말에 귀 기울이고 잘 들어야 아이가 다른 사람의 말을 잘 듣는 사람으로 클 것이다. 잘 듣기를 실천해야 하는 것은 어른 몫이지 아이가 감당할 수 있는 일이 아니다.

아이는 어른으로 성장해가면서 이런저런 연습을 하고 시행착오를 겪는다. 주로 부모를 본보기로 삼고 따라 하면서 성장기를 보내게 된다. 아이가 어릴 때 부모가 아이의 말을 잘 들어준다면 아이는 말을 많이 하면서 말 잘하는 연습을 할 것이고, 부모는 표현력이 좋은 아이 마음을 더 잘 이해할 수 있어서 자연스럽게 좋은 관계의 기초를 쌓을 수 있을 것이다. 자신의 말을 귀 기울여 잘 들어주는 부모를 모델로 보고 자란 자녀는 자연스럽게 남의 말에 귀기울이는 사람으로 성장할 것이다.

이미 어려워진 사춘기 자녀와의 대화에 한 방으로 통하는 요술방망이도 없고, 하루아침에 어려움이 해결될 수도 없다. 뒤늦게 후회하고 힘든 노력을 하지 않기 위해서는 자녀가 어릴 때 좋은 대화는 시작되어야 한다. 좋은 대화는 부모가 자녀의 말에 귀 기울여 잘 듣는 것부터 시작해야 한다.

부모와 대화를 많이 하는 아이가 사춘기도 수월하게 보내고 학교생활에도 더 잘 적응하는 건강한 아이로 살아간다.

 # 강아지가 낑낑대는 모습이
안쓰러웠어요

좋은 부부관계는 좋은 부모의 시작이다

강아지가 가족이 된 지 3개월 정도 되었다. 강아지를 키우기 전에 가족회의를 통해 강아지의 발톱을 깎아주고 목욕을 시키는 일은 남편이 맡기로 결정했었다.

그런데 남편이 깜빡한 건지 발톱을 2주나 깎지 않아서 강아지의 발톱이 많이 길었다. 그 긴 발톱이 강아지의 털에 걸려 발톱을 빼지 못해서 낑낑대는 강아지를 보고 있자니 안타깝기도 하고 속상하기도 했다. 직접 깎을 수도 있지만 아직 강아지 발톱을 깎아본 적이 없고 남편이 약속한 일에 대해 책임감 있게 해주길 바라는 마음이 있었다.

어떻게 하면 기분이 나쁘지 않게 남편에게 강아지 발톱을 깎아달라고 말을 할까 고민하다가 회사에 있는 남편에게 카톡을 보냈다. '강아지가 발톱이 너무 길어서 오늘 발톱이 털에 걸려 여러 번 고생했어요'라고 사실만 간단히 보냈다. 남편이 강아지 발톱을 깎아주지 않은 것에 대해 비난하는 말이나 지시하는 말을 하지 않기 위해서 그냥 객관적인 사실과 상황만 전달했다. 그러자 남편은 '아, 오늘 저녁에 가서 깎아줄게요'라고 답변을 보내왔다.

그런데 그날 직장에서 밤늦게 퇴근한 남편은 깜빡하고 강아지 발톱을 못 깎았다. 다음날 아침부터 강아지는 발톱이 털 사이에 끼어 또 낑낑댔고 아내는 강아지의 모습이 보기 안쓰러웠다. 화가 좀 나기도 했지만 마음을 가라앉히고 남편에게 다시 카톡을 보냈다.

'강아지가 오늘 아침에도 발톱 때문에 고생했어요. 낑낑대는 모습이 안쓰러웠어요.'

그러자 남편은 '미안해요. 오늘은 잊지 않고 꼭 깎아줄게요'라고 답장을 보내왔다. 그날 밤 남편은 퇴근하자마자 기분 좋게 바로 강아지 발톱을 깎아주었다. 아내는 화내거나 큰소리 치거나 심각해지지 않고도 남편이 해야 할 일을 할 수 있게 얘기한 것이 정말 뿌듯했다.

위 내용은 결혼 10년차이고 3남매를 둔 부부간에 있었던 사례다. 지금껏 살아오면서 아무리 화가 나도 큰소리 한 번 내지 않는 남편은 성품이 온화하고 느긋한 사람인 반면, 아내는 일이 계획한 대로 되지 않으면 마음이 조급해져 목소리가 커지곤 했다.

어떤 문제가 생겼을 때 남편에게 "얘기 좀 해요"라고 진지한 표정으로 말을 할라치면 남편은 늘 구렁이 담 넘어가듯 "다음에 얘기해요, 다음에"라고 그 상황을 회피하거나 "그렇게 잔소리하면 내가 바뀔 거 같아요? 내가 바뀔 수 있게 얘기해봐요"라고 해서 난감하게 만들고 더 이상 말을 못하게 했다. 그러면 할 말을 못 하고 답답하게 참고 지내다가 다음에 비슷한 상황이 생길 때 자신도 모르게 목소리가 커지고 욱해서 남편에게 화를 내게 되니 상황이 더 나빠지게 된 경우가 종종 있었다.

  부모역할교육에 참여하면서 공부하게 된 의사소통의 기술을 자녀와의 문제뿐 아니라 모든 인간관계에 적용할 필요성을 느끼게 되었고, 특히 건강한 부부관계는 좋은 부모가 되기 위해 무엇보다 중요한 조건이라고 생각하게 되었다. 그래서 남편과의 문제 상황에서도 의사소통의 기술을 적용하여 기분 좋게 문제를 해결할 수 있게 되었다.

  좋은 부모란 자녀에게 삶의 좋은 모델이 될 수 있는 부모다. 잘 가르치는 부모가 아니라 자녀가 좋은 본을 받을 수 있도록 살아가는 부모다. 그러기 위해서는 먼저 부부가 좋은 관계를 만들어가야 하는데, 좋은 관계가 되기 위해선 건강한 소통을 할 수 있어야 한다. 좋은 소통을 하려면 서로를 존중하고 성실한 태도로 상대방 입장에서 공감하고 수용할 수 있어야 한다.

  위 사례의 아내는 남편에게 메시지를 전하는 방법을 바꿨기 때문에 남편의 태도도 바뀐 것이다. 전처럼 '왜 발톱을 깎아주지 않았느냐'고 잘못한 것을 지적하거나 '언제 깎아줄 것이냐'고 채근하거나 '오늘은 꼭 발톱을 깎아달라'고 지시, 요청하지 않고 강아지의 힘든 상황만 전했기 때문에 남편이 스스로 생각해보고 기분 좋게 자신의 행동을 선택할 수 있도록 한 것이다.

  사람들은 누구나 다른 사람에게 간섭받지 않고 스스로 행동하고 싶은 욕구를 갖고 있다.

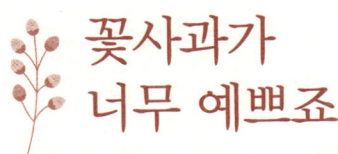

꽃사과가
너무 예쁘죠!

마음을 열고 소통하는 것이 답이다

한참 뛰고 놀아야 할 7세, 5세 남매를 위해서, 2년 전 층간 소음에 신경 쓰지 않아도 되는 아파트 1층으로 이사를 했다. 그랬더니 더불어 얻게 된 즐거움도 생겼다. 거실과 방 앞에 나무들이 우거져 4계절의 변화를 보고 느낄 수 있는 것이 좋았다.

그런데 가을이 되면 문제가 하나 생겼는데, 거실 앞에 있는 모과나무와 사과나무에 열매가 풍성하게 주렁주렁 열릴 때였다. 눈으로 보고 충분히 즐기고 싶은데 예쁜 과일을 탐내고 열매를 따려는 주민이 있기 때문이었다.

지난 9월 어느 날 아이들과 아침식사를 하려고 할 때 창문 밖에서 "예쁘다", "이게 더 빨갛다" 하는 소리가 들렸다. 황급히 창문으로 가서 보니 60세 정도 된 듯한 부부가 사과나무 옆에 서서 부인이 한 손으로 나뭇가지를 휘어잡고 한 손으로 사과를 따려고 했다.

그 모습을 보면서 갑자기 예전에 있었던 일이 생각났다. 작년 가을 어느 날이었다. 거실 창 밖에서 툭툭 내리치는 소리에 놀라서 내다보았더니 초등학생 아들과 엄마가 잠자리채로 사과 열매를 따려고 나뭇가지를 치고 있었다. 속상한 마음에 "열매 따지 마세요"라고 소리쳤지만 그 엄마는 아들에게 "괜찮아. 엄마가 따줄게"라며 계속 열매를 따려고 했다. 한 번 더 크게 "열매 따지 마세요"라고 했는데도 그 모자는 꿈쩍도 하지 않았다. 보다 못해 바깥으로 나가 가까이 다가갔다. 그랬더니 그 엄마가 "나도 입주민이에요"라고 저항하듯이 말했고 "잠자리 잡았어요"라고 뻔한 거짓말도 하면서 심지어 "왜 간섭질이야"라고 해서 어이가 없고 황당하고 괘씸하기도 했다. 하지만 아들이 옆에서 보고 있으니 참아야 한다고 생각했다. 집에 들어와서도 적반하장이 따로 없다는 생각에 얄미운 마음이 쉽게 가라앉지 않았던 기억이 있다.

그때는 부모역할교육을 받기 전이었고 지금은 부모교육을 받으면서 의사소통의 기술을 익히고 있었다. 그때와 다르게 말하려고 생각하면서 "꽃사과가 너무 예쁘죠!"라고 조금은 긴장되고 떨리는 목소리로 크게 말했다. 그러자 부인이 휘어잡고 있던 나뭇가지를 놓고 돌아보았다. 마음속으로 짜릿한 쾌감을 맛보면서 또 말했다.

"사과가 너무 예뻐서 저도 따고 싶을 때가 있어요."

다행스럽게도 그 부인은 "안 딸게요"라고 했다. 고마운 마음으로 안도감을 느끼면서 한 번 더 말했다.

"저도 따고 싶은데 사실은 참고 있어요."

부인은 사과를 따려다 조용히 자리를 떴다.

옆에서 지켜보고 있던 두 아이에게 엄마가 물었다.

"엄마 잘했지?"

아이들도 기쁜 듯 신이 나서 대답했다.

"네."

그날 가족은 행복하게 하루를 시작할 수 있었다.

좋은 부모가 되려면 부모역할을 잘해야 하는데 부모역할이 어려운 이유는 스스로 잘 살아가는 모습을 보여줘야 하기 때문이다. 부모가 삶의 좋은 모델이 될 수 있게 아이에게 모범을 보이는 것은 부모역할을 가장 잘하는 방법이라 할 수 있다. 위의 사례에서 엄마는 두 아이가 보는 앞에서 좋은 의사소통의 모범을 보였다.

작년에 엄마는 "열매 따지 마세요"라고 명령하고 지시했다. 잘못을 지적 받은 상대방은 자신을 보호하기 위해서 방어하거나 공격하게 된다. 그래서 거짓말도 하게 되고, 상대방 탓을 하게도 된다. 잘못하면 다투게 되고 관계가 나빠진다.

그런데 올해, 엄마는 "꽃사과가 너무 예쁘죠?"라고 상대방의 입장에서 생각해보고 마음을 읽어주는 말로 시작했다. 상대방이 방어하지 않고 마음을 열게 할 수 있는 말이다. 그리고 "나도 따고 싶어요"라고 자신의 마음도 열어 보였다. 서로 마음을 열고 소통한다면 서로가 원하는 대로 바람직한 결과를 얻는 것은 쉬운 일일 수 있다.